sign.

15.-

Hans Beyer

Ein Blick zurück – vorwiegend heiter

Hans Erzer

Ein Blick zurück – vorwiegend heiter

Verlag Vogt-Schild AG Solothurn

Der «Kulturelle Dienst Migros AG/SO» und der Kanton Solothurn
haben diese Ausgabe durch Beiträge in verdankenswerter Weise gefördert.

Inhalt

Eine heitere Seite abgewinnen

«Jetzt beginnt der auch noch mit Lebenserinnerungen und Anekdoten und trägt sozusagen einen Kessel voll Wasser in einen vollen Teich, – was bringt das –?...» so wird der geneigte Leser fragen. Was kann jemanden dazu bringen, andern Leuten Gedanken und Erlebnisse vorzutragen und auf seine Weise darzustellen? Hermann Hesse nennt als Grund die Eitelkeit und das Bedürfnis, zu beweisen, was man kann und geleistet hat; nun Hesse, jener alte Steppenwolf, war ein Grosser, einer, der etwas zu sagen hatte, das aus der Tiefe kam und ihn und andere erfüllte. Mit ihm kann sich ein «regierungsrätlicher Normalverbraucher», der während 20 Jahren Bau- und Landwirtschaftsdirektor eines mittleren Kantons war, in keiner Weise messen, und ich will es auch nicht. Aber man kann die Zeit, die einem als Rentner in solcher Fülle zur Verfügung steht, wie sie einem in der «aktiven Zeit der

Hans Erzer, geb. 1915, aufgewachsen in Dornach, Bürger von Dornach und Seewen, von 1961 bis 1981 als Vertreter des Schwarzbubenlandes im Solothurner Regierungsrat und Vorsteher des Bau- und des Landwirtschaftsdepartements, zuvor unter anderem Ammann der Einwohner- und der Bürgergemeinde Breitenbach sowie erster Präsident des Solothurnischen Einwohnergemeindeverbandes. *(Archivbild)*

Amtsjahre» stets fehlte, noch unangemessener verbrauchen und vertändeln als durch Zurückdenken. Vielleicht interessieren sich einige Leser für Vergangenes, dafür, wie es ein direkt Beteiligter gewollt und erlebt hat. Vielleicht wird einiges verständlicher und menschlicher, dann wäre der Zweck erreicht. Auch kalter Kaffee kann noch geniessbar sein.

Ich bin mir der Gefahren bewusst, die bei diesem Unternehmen lauern, und man hat mich gewarnt: «Meide vor allem offene oder versteckte Angriffe auf bestimmte Personen. Sei kein Spötter und meide deren Gesellschaft; es sind nämlich gerade diese, welche gegen Hiebe und Stiche besonders empfindlich sind.» Gut – ich habe verstanden und will mir Mühe geben! Freilich, ganz werde ich es wohl kaum lassen können, so wenig wie andere. «Worum isch er ane Erdbebe gange?» hat ein alter Freund einmal gefragt. Das frage ich auch, und trotzdem will ich den Versuch machen, etwas von meinem Lebensweg zu erzählen, der wie ein Bergweg der alten Art, mit Steinen zum Stolpern, reichlich übersät war.

Vor allem möchte ich versuchen – wie ich es während der längeren Dauer meiner Amtszeit zu tun pflegte –, den Dingen und Erlebnissen eine heitere Seite abzugewinnen. Ich möchte bei Ihnen, liebe Leserinnen und Leser, als ein im Grunde heiter gestimmter Gast eintreten. Als ein «alt Regierungsrat», der nicht mehr unter dem Druck der Geschäfte – dem sogenannten Stress – steht, und der Distanz gefunden hat zu den Sachen. In diesem Sinne wähle ich gewissermassen als Leitmotiv die Frage, die vor vielen Jahren ein inzwischen verstorbener Conférencier aus Grenchen in meiner Anwesenheit in einer vollbesetzten Festhalle in Holderbank gestellt hat: «Was habt Ihr eigentlich gegen den Baudirektor Erzer – er macht ja nichts.»

8

Eine Freude, ein Vogel zu sein
im Erholungsraum Aare

Wenn ich heute bei Solothurn auf den Uferwegen längs der Aare spazierengehe, empfinde ich – ich sage es gerne – Zufriedenheit über das gelungene Werk, das seinerzeit soviel Mühe bereitete. Welcher Aufwand an gutem Willen, Organisation, Geld und Zeit war erforderlich, bis das arg verschmutzte Aarewasser wieder den Zustand erreichte, dass Edelfische darin gedeihen können. Der Bootsverkehr ist geregelt, und die Bootsplätze sind in einer vertretbaren Weise ausgeschieden. Vögel tummeln sich auf dem Wasser und in seinem Raume. Es ist heute offenbar eine Freude, im Kanton Solothurn ein Vogel zu sein.

Der Natur angepasst

Zwar stehen sie nicht mehr, die stattlichen alten Weiden und Uferbäume, die das alte, wild fliessende Gewässer vor der grossen Korrektion der sechziger Jahre abgrenzten. Aber an ihrer Stelle wachsen Gehölze aller Art; auch der Blockwurf der Uferpartien hat seine grelle Farbe verloren und sich eingefügt. Es ist eine Kulturlandschaft entstanden, die sich in der Natur weitgehend angepasst hat. Durch die festen Uferwege ist die Aare der Öffentlichkeit zugänglich gemacht. Es wurde ein Erholungsgebiet geschaffen, das auch den Naturfreund befriedigen kann und ihn vergessen lässt, dass es nicht mehr die wild fliessende, bisweilen überbordende und landgefrässige Aare ist, die nun gezähmt in ihrem Bett in festgelegten Grenzen dahinströmt. Immerhin anerkennt der um diesen herrlichen Wasserlauf besorgte Naturfreund, dass die Bauleute und Behörden mit diesem Millionenwerk etwas Rechtes und Gutes gemacht haben und dass sich anderseits der Kampf der Arbeitsgemeinschaft zum Schutze der Aare gelohnt hat. Es waren ja nicht nur die Uferbäume, um die man trauerte, wiewohl sie die Aare in selbstzerstörerischer Weise nach dem Gesetz der Erosion alljährlich zusammen mit einigen Jucharten Uferland mitriss; es ging um mehr, man vermutete die Vorbereitung der kommerziellen Flussschiffahrt. Dass die Solothurner Regierung diesen Projekten ablehnend gegenüberstand und weiterhin gegenübersteht, hat in wiederholten eindeutigen Stellungnahmen Ausdruck gefunden. Ausdrücklich wendet sich der vom Kantonsrat gebilligte Schlussbericht zum kantonalen Leitbild in klarer Weise gegen dieses in keinerlei Weise gerechtfertigte, umweltzerstörerische Grossprojekt. Das steht heute fest, und zu Befürchtungen besteht kein Anlass, wohl aber zur Wachsamkeit. Ich zweifle keinen Augenblick, dass dieser Grundsatz solothurnischer Regierungspolitik weiterhin wohlverankertes Ziel magistralen Handelns und Verhaltens bleibt.

Homerisches Kampfgetümmel

Weil man den «Anfängen wehren» wollte, wandte man sich damals mit aller Energie gegen den Bau des Kraftwerkes Flumenthal, welches als das Trojanische Pferd schien, in dessen Bauch die ungeliebte und landschaftsgefährdende Grossschiffahrt herangeschafft werden sollte.
Es war auch ein homerisches Kampfgetümmel. Die unmittelbar beteiligten «Kontrahenten und Akteure» beider Seiten werden heute – nach nahezu

9

20 Jahren – mit eigenartigen Gefühlen an die gewaltigen Zeitungsartikel und Redeschlachten jener Kampfzeit zurückdenken. Hitzig floss Blut durch die Adern, die Tinte aus den Federn und strömten die Worte aus den Mündern. Alle wollten das Rechte – bei verteilten Rollen und Aufgaben und jeder auf seine Weise! Mit Befriedigung dürfen Bauherrschaft und Arbeitsgemeinschaft zum Schutz der Aare festhalten, dass, wenn nicht das nie erreichbare Beste, so doch das willkommene Gute geschafft worden ist. Das Kraftwerk Flumenthal, das ja lediglich anstelle eines möglicherweise weniger in die Aarelandschaft eingepassten Regulierwerkes unterhalb der Emmemündung trat, hat sich tadellos bewährt und mancherlei Nutzen gebracht. Es hat eine ansehnliche Menge preiswerten Stromes geliefert und seine Hauptaufgabe, die Regulierung des Wasserabflusses aus den Juraseen, zuverlässig erfüllt. Es hat sicher manches schlimme Hochwasser und erhebliche Schäden verhindert.

«Baut lieber Kernkraftwerke...»

In jenen hitzigen Auseinandersetzungen und Diskussionen wurde ein grosses Wort ausgesprochen zu einem Thema, das später eine grosse Flutwelle in solothurnischen Landen aufwühlen sollte. «Heute baut man keine Flusskraftwerke mehr, sondern umweltfreundliche Kernkraftwerke!»
Als später dann die Solothurner Regierung in einem korrekt durchgeführten eingehenden Verfahren zum Bau des bewilligten Kernkraftwerkes Gösgen stand, wurden Unterschriften gesammelt zur Absetzung des Regierungsrates, was diesen weder zum Heulen noch zum Wehklagen oder Zittern veranlasste, tröstete er sich doch mit der alten Spruchweisheit, dass nichts Besseres nachkomme.
Inzwischen herrscht längst wieder Frieden zwischen den Leuten des Aareschutzes und den Behörden; man hat allseits dazu gelernt und gesehen, dass es «miteinander» besser geht. Zum Frieden trug auch die Abänderung des kantonalen Wasserrechtsgesetzes bei, wonach Laufkraftwerke mit einer Leistung von mindestens 1000 Brutto-PS der Volksabstimmung zu unterbreiten sind.

Der Gewässerschutz als Daueraufgabe

Vor 20 Jahren war keine Aufgabe schwieriger und vordringlicher als der Gewässerschutz. Die stattliche Aare und vor allem die Dünnern im Gäu und im Oltner Gebiet flossen trübe dahin, mitunter in den Farben des Regenbogens. Unterhalb von Abstürzen bildeten sich Schaumkissen, sichere Anzeichen einer starken Belastung des fliessenden Gewässers mit Schmutzstoffen. Bei einem Bache machte das Fernsehen die damals noch höchst seltenen Farbaufnahmen, und es wusste warum. Denn just an jenem Wochentag kam der Bach in roter Farbe, weil eine Grossmetzgerei Schlachttag hatte. Gerechterweise muss man zugeben, dass dem Betriebsinhaber kein Vorwurf gemacht werden konnte, denn er hatte grosse Summen für eine eigene Kläranlage ausgegeben, die ihm behördlich empfohlen worden war, aber nichts taugte. Es war deshalb vorgesehen, dass er an die Sammelanlage der Gemeinden anschliessen solle, was inzwischen längst erfolgt ist mit sehr gutem Ergebnis. Ich beneidete den Beamten des Amtes für Wasserwirtschaft nicht, der vor dem Fernsehen «die Suppe auslöffeln» musste.

Grosszügiger Bund

Mit dem Amtsantritt des heutigen Vorstehers des Amtes für Wasserwirtschaft wurde die umständliche und zeitraubende Aufgabe mit System in Angriff genommen. Freilich war man auch früher nicht untätig gewesen, aber es fehlte eine genügende gesetzliche Grundlage und es mangelte vor allem auch an Geld. Wie konnte man die Gemeinden animieren, die riesigen Kosten ohne angemessene staatliche Beihilfe zu tragen? Staatsbeiträge waren das bessere Argument als wohlgesetzte Worte und dringliche Appelle. Das Wasserrechts-

Einweihung von ARA und Kehrichtverbrennungsanlage «Emmenspitz» in Zuchwil 1974. Bundesrat Hürlimann umgeben von den Regierungsräten Alfred Rötheli und Hans Erzer.

11

gesetz von 1960 hatte die rechtlichen Voraussetzungen geschaffen, und nun war es Aufgabe der neuen Mannschaft auf dem Baudepartement, an die praktische Arbeit zu gehen. Die Abwasserfrage stellt sich in verschiedenen Teilgebieten. Die Reinigung der örtlichen Abwässer ist Sache der Einwohnergemeinden, denen das genannte neue Gesetz angemessene Staatsbeiträge im Rahmen ihrer Finanzkraft und ihrer Lasten zubilligte; später zog auch noch der Bund nach, welcher sogar in der damaligen Grosszügigkeit – und um die Bedeutung der Abwassersanierung zu unterstreichen – an bereits laufende Anlagen nachträgliche Subventionen gewährte. An die Sanierung der industriellen Abwässer leistete der Bund jedoch trotz der Interventionen eines solothurnischen Standesherren keine Beiträge, was sich für die Cellulosefabrik Attisholz folgenschwer auswirken sollte. Auch der Abwasserreinigung der Landwirtschaftsbetriebe war Beachtung zu schenken. Indessen dauerte es einige Zeit, bis die Zweckverbände der Gemeinden, die geeignete Form für die Lösung dieser Gemeinschaftsaufgabe, gegründet waren, bis die Abwassersysteme verschiedener Herstellerfirmen evaluiert, die Kläranlagen gebaut und die Kanalisationen aufgrund einer neuzeitlichen Ortsplanung gelegt werden konnten.

Dank Sondersubvention

Inzwischen war der betrübliche Zustand der Gewässer ein Dauerbrenner an den Tagungen der Fischer und des Naturschutzes. Ein Nachbarkanton schickte unter gewissem Druck dieser Kreise vor den Wahlen ein Telegramm ins solothurnische Rathaus und wies auf die Schadstoffbelastung der Aare hin. Allein es brauchte eben Zeit und Geduld. Vor dem Beginn der grossen Arbeiten beantragte der Regierungsrat dem in der Sache zuständigen Kantonsrat, gewissermassen eine Aufmunterungsprämie von 10 % des massgebenden Kantonsbeitrages zuzubilligen, falls mit dem Bau der Abwasserreinigungsanlage vor Ende 1963 begonnen werde. Dieser Appell ans Portemonnaie hat sich nach unserer Erfahrung als wirksam erwiesen. In begründeten Fällen konnte die Frist angemessen erstreckt werden. Die Gründung der Zweckverbände, die Standort- und Systemwahl schafften beträchtliche Probleme. Sache des Kantons war es zu drängen, zu mahnen und zu schlichten und einen Interessenausgleich unter den betroffenen Gemeinden zu erwirken.
Dabei war mit einer Mischung von Beweglichkeit und Nachdruck am besten voranzukommen. Ein Beispiel dieser Art zeigte sich im Mittelthal, wo man auf den ursprünglichen Beschluss, eine eigene Anlage zu erstellen, zurückkam und letzten Endes gemeinsam mit dem benachbarten Zweckverband die Gemeinschaftsanlage in Oensingen baute und betrieb.
Grundsatz des Kantons war es, in erster Linie die stark belasteten Gewässer zu sanieren und den ausgesprochen ländlichen Gebieten mehr Zeit und Frist zu lassen, sofern nicht besondere Umstände auch dort die Abwassersanierung als besonders dringlich erscheinen musste. Zur Förderung der Aufgabe und auch zur Kontrolle der Arbeit der kantonalen Behörde und der Zweckverbände wurde unter dem Vorsitz des besonders eifrigen Kantonsrates Walter Kräuchi (Olten) eine kantonale Kommission für Abwasserreinigungsanlagen geschaffen, die von Zeit zu Zeit Besichtigungen vornahm, sich mit speziellen Fragen befasste und dazu ihre Meinung zuhanden des Baudepartements äusserte.

Selbstverständlich arbeitete man im Grenzgebiet mit den Nachbarkantonen eng und wirkungsvoll zusammen. Nach geduldigem und zähem Bemühen gelangte der Kanton in der zweiten Hälfte der siebziger Jahre in eine Spitzenposition im Lande. Heute sind für rund 95 % der Einwohner gut wirksame Kläranlagen in Betrieb. Gleichzeitig wurde die Sanierung in der Industrie und in der Landwirtschaft im wesentlichen abgeschlossen. Durch Änderung des Wasserrechtsgesetzes wurde es möglich gemacht, Industrie und Gewerbe in ausserordentlichen Fällen unverzinsliche, nach bestimmter Zeit zurückzahlbare Darlehen zu gewähren. Diese entsprechen in gewissem Sinne den unverzinslichen Bundesdarlehen nach dem Bundesgesetz über Investitionsdarlehen und Betriebshilfe in der Landwirtschaft von 1962. Auch die Landwirtschaft hat ihre Aufgabe im Gewässerschutz ernst genommen. Es wurden in etwa 2000 Fällen Sanierungen durchgeführt.

«Spitze ...»

Die einwandfreie Beseitigung der häuslichen Abfälle besorgte die Kehrichtbeseitigung AG (Kebag) in Zuchwil in zufriedenstellender Weise. Diesem Unternehmen sind rund 200 solothurnische und bernische Gemeinden angeschlossen; nächstens werden nach Einstellung des Betriebs der Kehrichtverbrennungsanlage Olten noch weitere Gemeinden des Einzugsgebietes von der Kebag bedient werden. Wie der Presse zu entnehmen war, soll die Abwärme von einer nahegelegenen Industrie produktiv verwendet werden. In der gleichen Zeit ist die Tankkontrolle ausgebaut worden, dem Beseitigen speziell schädlicher wassergefährdender Abfälle fester und flüssiger Art hat das Amt für Wasserwirtschaft ebenfalls volle Aufmerksamkeit geschenkt. Die durch das kantonale Ölwehrgesetz geschaffene Organisation, die auf verschiedenen regionalen Ölwehrstützpunkten ruht, hat sich recht gut eingespielt. Der Gewässerschutz ist eine Daueraufgabe, die sich mit den Lebensgewohnheiten weiter entwickelt und deshalb nie als vollständig gelöst gelten kann; das liegt in der Natur der Sache. Aber es ist immerhin durch gemeinsames Bemühen Wichtiges erreicht worden, und was noch zu tun bleibt, ist in guten Händen. Eine besondere Anerkennung verdient der langjährige Vorsteher des Amtes für Wasserwirtschaft mit seiner einsatzfreudigen «Truppe». Es ist keine Überheblichkeit, sondern die schlichte Feststellung einer Tatsache, dass der Kanton Solothurn seit Jahren im Gewässerschutz «Spitze» ist, um einen neuzeitlichen Ausdruck zu verwenden.

Die Spitalbauten – vom Sorgenkind zum Musterknaben

Zur Erfüllung seiner weitgespannten Aufgaben hat der moderne Wohlfahrtsstaat Gebäude in grosser Zahl zu erstellen, zu mieten und zu unterhalten. Das kostet schweres Geld und bringt Umtriebe vieler Art. Jener kritische Zeitgenosse hatte gar nicht so unrecht, als er sagte: «Wenn du bauen willst, hast du nichts als Ärger und Verdruss mit dem Bauland, dem Nachbarn, dem Architekten, den Baubehörden, dem Geld und so weiter. Ich gebe dir einen guten Rat, mein Lieber, – hör gut zu – wenn baue wotsch, bau liäber nit.» Aber dieser weise Rat zur Enthaltsamkeit löst die Probleme der staatlichen Baubehörden eben nicht.

Kleine Kompetenz

Staatliche Bauten entstehen nicht über Nacht; es dauert meistens Jahre, bis etwas geht. Häufig greifen Volksvertreter im Parlament ein, und die Presse meldet sich. Aber eben, bevor man bauen kann, sollte man genau wissen was und wie, damit die Sache nicht in die Binsen geht. Das Solothurnervolk hat den Behörden – dem Kantonsrat und der Regierung – nicht «viel Kredit» gegeben, was die Finanzen betrifft. Da will es das letzte Wort haben und «Amen» sagen. Die Ausgabenkompetenz des Kantonsrates ist seit Jahrzehnten bei «lumpigen» 150000 Franken im Einzelfall und beträgt eine halbe Million für einzelne Bauaufgaben. Damit lassen sich keine grossen Sprünge machen. Bei Grossbauten muss schon der Kredit für die Planung und Projektierung vors Volk, das nicht immer gnädig zunickt, wie kürzlich die Abstimmung für die Planung eines Verwaltungszentrums auf dem «Fischer-Areal» in Solothurn gezeigt hat. Mich nimmt wunder, was sich da der Verfassungsrat bei der Totalrevision der Kantonsverfassung einfallen lässt. Oder werden diese Verfassungsschöpfer gar die heutige Lösung als eine wirksame Sparmassnahme halten??
Freilich, bei konkreten Abstimmungsvorlagen im Strassenbauwesen, bei Spital- oder Schulbauten war der Souverän nicht kleinlich. Keine dieser Sammelvorlagen ist meines Wissens in den letzten Jahrzehnten vom Volk verworfen worden. Dabei kommt es auf eine gute Mischung an, die in «ansprechender» Verpackung dem Volke anzubieten ist. Übrigens hat der Stimmbürger nach meiner Meinung und Erfahrung gar kein schlechtes Gespür. Er kann allerdings launisch sein, wie wir alle, und er kann sich auch irren. Aber der Wille des Volkes ist das höchste Gesetz, haben die alten Römer gesagt.

248 Millionen für Spitäler

Im folgenden beschränke ich mich auf Spitalbauten, weil diese besonders interessant erscheinen. Gerade im Spitalbauwesen hat sich in letzter Zeit eine nahezu unheimliche Entwicklung der Spezialisierung vollzogen, die ins Uferlose zu geraten droht. Entsprechend sind die Folgekosten, unter denen die Öffentlichkeit, die Krankenkassen und die Bürger zu stöhnen haben. Gross ist die Verantwortung der öffentlichen Bauherrschaft in diesem schwierigen und schwer überblickbaren Gebiete. Hier musste man aus Fehlern lernen, und man

14

wird es immer tun müssen. Jedoch mussten keine Nachtragskredite anbegehrt werden, welche die während der Bauzeit aufgelaufenen, vom Volke bewilligten Kosten einschliesslich Bauteuerung überschritten hätten. Insofern haben wir Glück gehabt und gute Mitarbeiter. Von 1961 bis 1981 sind für Spitalbauten vom Kanton rund 248 Millionen aufgewendet worden.

Als Kantonsrat der Amtsperiode 1957 bis 1961 durfte ich an der Einweihungsfeier für die Psychiatrische Klinik «Rosegg» in Langendorf teilnehmen. An dieser Feier wussten freilich nur wenige Eingeweihte, dass eine Kostenüberschreitung von 1,5 Millionen «ins Haus stand». Das war ein Paukenschlag. Wenn auch das Volk einige Zeit später in einer Volksabstimmung diesen Kredit nicht bewilligte, mussten die Rechnungen der Handwerker und Lieferanten gleichwohl bezahlt werden. Dieser unerfreuliche Umstand führte im Kantonsrat zu einer grundsätzlichen Debatte über den Spitalbau, an der ich nun auf der andern Seite der Stange – als neuer Baudirektor – teilzunehmen hatte. Es ging lebhaft zu. Man verlangte zu Recht eine bessere Koordination unter den Verantwortlichen. Ein angesehener Fraktionssprecher forderte sogar, der Kantonsbaumeister sei ausschliesslich für diese grosse Spitalbauaufgabe der nächsten Zeit freizustellen. Notwendig erschien jedoch vor allem ein mit dem Spitalbau vertrauter zuverlässig arbeitender Fachmann, der den Überblick in diesen Fragen hatte. Glücklicherweise liess sich ein solcher versierter Mann finden, der sich bereits als Bauführer beim Bau des Kantonsspitals Olten ausgezeichnet hatte und der als «Technischer Adjunkt für Spitalbau» angestellt wurde. Im Rahmen der spätern Reorganisation und Straffung des Hochbauamtes wurde ihm die Unterabteilung «Spitalbau» des Hochbauamtes anvertraut. So gelang es, die Spitalbauten unter zuverlässige Kontrolle und «in den Griff» zu bekommen.

Spitalsteuer

Für die glückliche Abwicklung der grossen Spitalbauaufgabe jener Zeit war ebenfalls von massgebender Bedeutung, dass bereits im Jahre 1955 im Rahmen der Spitalbauvorlage I eine zweckgebundene Spitalsteuer als fünfprozentiger Zuschlag auf die Staatssteuer vom Volke beschlossen worden war, welche gestattete, die erheblichen Baukosten zu begleichen und einen Spitalfonds anzulegen, der keine «leere Kasse» war. Es ist begreiflich, dass die Bezirksspitäler in Grenchen, Dornach und Breitenbach, die von Stiftungen privater Kreise – speziell durch die örtliche Industrie – gegründet, gebaut und während Jahren betrieben wurden, den finanziellen Anforderungen neuzeitlicher Krankenanstalten nicht gewachsen waren. Nicht anders war es mit dem Bürgerspital in Solothurn, einer Anstalt der Bürgergemeinde der Stadt, und mit der Höhenklinik Allerheiligenberg, oberhalb von Hägendorf, die alle im Laufe der Jahre zweckmässig ausgebaut wurden. Hier musste der Staat als Geldgeber in massgebendem Umfang für Bau und Betrieb einspringen. Natürlich benützte er aus guten Gründen diesen Anlass, um den Grundsatz durchzusetzen: «Wer zahlt, befiehlt.» Er beanspruchte in der Folge die Mehreit in den Spitalstifungsräten und in den Baukommissionen dieser Spitäler. Das Sanitätsdepartement, das für die Spitalplanung federführend ist, nahm im Zusammenwirken mit den Spezialisten des Baudepartementes und den beauftragten privaten Fachleuten des Baufachs die Planung an die Hand, wobei dem amtierenden Kantonsarzt jeweils eine bedeutende Rolle zufiel. Ich habe während meiner Amtszeit zwei Kantonsärzte am Werke gesehen, die beide auf «ihre eigene Art» als nebenamtliche Amtsträger fachmännisch gute Arbeit im Interesse des Spitalwesens geleistet haben. So konnten dem Parlament gute und brauchbare Vorlagen unterbreitet werden, die mit Eifer und Umsicht behandelt und bereinigt wurden, wobei man sich bemühte, Mass zu halten. Die politische Verantwortung geht mit dem Beginn der Bauarbeiten auf den Baudirektor über. Die Oberaufsicht liegt dabei beim Hochbauamt, das mit der Finanzverwaltung wirksam zusammenarbeitet. Dabei haben sich im Laufe der Zeit strenge Bräuche entwickelt, die eine genaue Übersicht über die Kredite und die Einhaltung des Bauprogramms in sachlicher und zeitlicher Hinsicht gewährleisten. Nie habe ich im Spiatalwesen unliebsame Überraschungen erleben müssen, was dankbar zu erwähnen und bei dem Umfang der Aufgabe keineswegs selbstverständlich ist. Vorzügliche und gewissenhafte Vorarbeit leisteten die unter dem Präsidium des gewandten und einsatzbereiten Departements-Sekretärs des Baudepartementes stehenden fünfköpfigen Baukommissionen der einzelnen Krankenanstalten.

Bei Bauarbeiten in einem geographisch schwierigen und zerrissenen Kanton sind auch die regionalen Verhältnisse in Betracht zu ziehen. Ein Abkapseln gegenüber dem «Ausland» führt zu Gegenmassnahmen der Nachbarkantone, wobei freilich die Frage des Gegenrechtes über Grenzen hinweg bei Staatsaufträgen stets ein Problem bleibt. Aus der Fülle der Begebenheiten im Spitalbauwesen während meiner Amtszeit erwähne ich folgende Fälle, die mir bemerkenswert erscheinen:

Bezirksspital Dorneck

Der Neubau nördlich des bestehenden alten Spitals Dornach, das heute als Altersheim dient, wurde in den späten fünfziger Jahren begonnen. Hiefür standen vier Mio. Franken zur Verfügung, woran sich der Kanton Solothurn und der Kanton Basel-Landschaft je zur Hälfte beteiligten. Das Bauvorhaben kam sehr langsam voran, und es zeigte sich, dass die Spitalstiftung als Bauherrschaft und der ältere Architekt, der teilweise einen «Einmann-Betrieb» führte und keine Erfahrung mit komplizierten Grossbauten besass, trotz gutem Willen und bester Absicht weit überfordert waren. Das Unternehmen war ihnen «über den Kopf gewachsen». Deshalb wurde diesem Architekten zur Hebung der Leistungsfähigkeit ein in Grossbauten erfahrener Berufskollege, Teilhaber eines leistungsfähigen Architekturbüros, als Berater und Partner beigegeben, der nun «den Karren zog». Übrigens hat mir der genannte ältere Architekt diese Anordnung nicht übel genommen und sie nicht als «Bevogtung», sondern als hilfreiche Unterstützung aufgefasst, wie sie auch gedacht war. Er hat mir später nach dem glücklichen Abschluss spontan für das «Wohlwollen und das Verständnis aus Solothurn» gedankt.

Aber die Baukosten erreichten statt der vorgesehenen vier Millionen gerade das Doppelte – «schreibe acht Millionen». Die Finanzierung und die Vollendung der Arbeiten brachten Probleme ernsthafter Natur. Mit dem damaligen Finanzdirektor Gottfried Klaus musste der neue Baudirektor den Regierungsrat des Nachbarkantons ersuchen, seinen Beitrag ebenfalls zu verdoppeln, damit dieses «ewige Werk» endlich abgeschlossen werden konnte. In verständnisvoller und grosszügiger Weise übernahm der Kanton Baselland durch Beschluss des Landrates die zusätzlichen zwei Millionen und setzte damit einen weiteren Meilenstein auf dem gemeinsamen Weg einer freundnachbarlichen Zusammenarbeit. Es sollte nicht das letzte Zeichen guter Nachbarschaft sein, das wir auch von dieser Seite erleben durten. Diese noble Haltung der Landschäftler ist in diesem Zusammenhang lobend zu erwähnen.

Bezirksspital Thierstein in Breitenbach

Dramatisch begann die Baugeschichte des Neubaus des Bezirksspitals in Breitenbach, zum mindesten, was den Baubeschluss des Kantonsrates betrifft, und man muss für die Haltung des Parlamentes Verständnis aufbringen. In der Spitalvorlage III war nämlich für dieses Bauvorhaben eine Summe von rund 5,5 Mio. Franken vorgesehen, wobei in üblicher Weise die Beschlussfassung über das Bauprojekt und den Kostenvoranschlag dem Kantonsrat vorbehalten blieb. In der Volksvorlage waren die Bauvolumen der einzelnen Bauvorhaben durch die Festlegung der höchstzulässigen Kubikinhalte begrenzt. Nun gelang es dem beauftragten Architekten, der mir früher als geschickter Bauführer beim Schulhaus Büsserach aufgefallen war, in einem «gekonnt» entworfenen Projekt, im Rahmen des zugelassenen Kubikinhaltes des Bauvorhabens ein sehr kompaktes und leistungsfähiges Spital einzuplanen, das in keiner Weise zu beanstanden war. Freilich zeigte es sich, dass die Kostenschätzung der massgebenden Spitalvorlage V nicht «realistisch» war, lagen doch die Kosten des zur Ausführung vorgelegten Projektes doppelt so hoch als die ursprüngliche, «summarische» Kostenschätzung. Die Staatswirtschafts-Kommission war darob nicht begeistert, und es wurde die Frage aufgeworfen, ob das Projekt nicht zurückzunehmen sei. Allein der Baudirektor aus dem Schwarzbubenland war sich im klaren, dass dies eine weitere wesentliche Hinausschiebung des schon seit langer Zeit fälligen Baubeginns am sehnsüchtig erwarteten neuen Bezirksspital bedeutet hätte und dass das vorliegende Projekt wirklich gut war. Dass er dabei auch die Glocken der Heimat läuten hörte, ist verständlich. Auf alle Fälle wurde der Neubau so beschlossen und einwandfrei ausgeführt. Und es hat sich inzwischen erwiesen: «Das Werk lobt die Meister».

Bürgerspital Solothurn

Ebenfalls erwähnenswert ist die Geschichte des letzten Ausbaus des Bürgerspitals Solothurn, der gleichfalls recht gut gelungen ist. Dabei können sich die Verantwortlichen recht wohl in das Lob teilen. Am Anfang stand ein überraschender, aber mutiger Entschluss, der sich städtebaulich als ausserordentlich glücklich erweisen sollte und zudem die Möglichkeit schuf, das inzwischen etwas verschobene «Kostendach» der geschätzten Baukosten nach der Spitalvorlage formgerecht wieder ins Lot zu bringen.

Eine Einsprache aus Gründen des Ortsbildschutzes hatte die Regierung veranlasst, ein kurz zuvor für den Bau der Autobahn N5 erworbenes Nachbargrundstück tauschweise für den Spital-Neubau zur Verfügung zu stellen. Auf diese Weise wurde erreicht, dass der wuchtige Baukörper der neuen Spitalbauten nicht im Blickfeld der nahen Altstadt beidseits der

Das Bürgerspital Solothurn, ein Neubau aus den siebziger Jahren. (Foto: Alois Winiger)

Wengibrücke auftauchte und dass die Grossbaute diesen historisch wertvollen und heimeligen Stadtteil nicht beeinträchtigen konnte.

Auch für die Spitalanlage sind dadurch erhebliche Vorteile entstanden. Man erlebt eben auch Fälle, wo Verzögerungen Vorteile bringen können, wenn sie auch für die Bauherrschaft und Betroffenen ärgerlich sein mögen.

Ich mag mich daran erinnern, dass der Präsident der Spitalbaukommission, Ingenieur Urs Büttikofer, über diese völlig unerwartete Umdisposition begreiflicherweise nicht erfreut war. Später hat er mir freilich erklärt, dass die Änderungen sehr zweckmässig waren. Ich benütze die Gelegenheit, ihm in meinem Rückblick speziell zu danken für seinen gewissenhaften Einsatz in einem entscheidenden Zeitabschnitt in der Baugeschichte des Bürgerspitals.

Nichtausgeführte Pläne und Werke

Bei meinem Rücktritt hat ein wohlwollender Redaktor geschrieben, ein Regierungsmann werde vor allem nicht an dem gemessen, was er im Laufe der Jahre gesagt und versprochen habe, sondern an seinen Leistungen und Taten. Diese Taten stehen bei einem Baudirektor im Raum – man kann sie sehen und beurteilen. Beim Bauen sind bekanntlich die meisten «Fachleute» – nach ihrer Meinung –; aber es genügt eben nicht, Fachmann oder gar Experte zu sein, man sollte auch etwas von der Sache verstehen. Ich habe gehört und weiter gesagt, derjenige sei der beste Baudirektor (Bauingenieur), dem noch nie etwas eingefallen sei, was sicher beim Brückenbau ein Vorteil ist, denn Brückeneinstürze sind wohl ein Ereignis, aber keine Volksbelustigung. Aber nicht nur die ausgeführten Werke zählen im Bau- und Planungswesen, geradeso wichtig können verhinderte Taten und «Untaten» sein. Und davon ist im folgenden die Rede.

Hier scheint mir ein kleiner Rückblick angebracht, der zeigen soll, wie rasch sich die Auffassung der Menschen – der «Menge» – ändern kann. Heute – Anno 1983 – erleben wir eine Zeitströmung, die gegenüber der modernen Technik und ihrer Planung sehr kritisch eingestellt ist. – Ich beschränke mich auf das Bauwesen bei meinen Betrachtungen. – Man zeigt mit gutem Recht auf Fehlleistungen hin und auf schwere Schäden, die der Natur zugefügt worden sind und die sicher vermeidbar gewesen wären. Es gehört heute zum guten Ton, mit den Wölfen gegen die in der Gunst der Öffentlichkeit stark angeschlagenen «Planer» und «Verbetonierer» zu heulen. Dabei verfällt man in den Fehler aller Extremen: Man geht bewusst oder unbewusst zu weit und vergisst, dass wir Menschen nur aus Fehlern wirklich lernen und gescheiter werden. Wie sagt der Dichter: «Das sind die Weisen, die vom Irrtum zur Wahrheit verreisen. Und die im Irrtum beharren, das sind die Narren.»

Planungseuphorie

In einer Unterführung in Schönenwerd habe ich kürzlich den «weisen» Spruch gelesen: «Beton ist zum Sprayen da!» hatte einer hingeschmiert. Beton hat aber auch andere Aufgaben und Qualitäten, meine ich. Wie könnte man beispielsweise die Bauten des Gewässerschutzes erstellen, ohne den auf die alten Römer zurückgehenden Zement, den sie aus einer Mischung von Kalk, Vulkanasche und Steinchen hergestellt haben? So gelang es ihnen, die gewaltigen Kuppelbauten und die Aquädukte – die kühnen Wasserleitungen – zu errichten, die wir heute noch bestaunen. Wir brauchen den Beton, wie wir andere Erzeugnisse der Wissenschaft benötigen. Denn wir können nicht mehr zurück in die Höhlen und die Wälder; das will freilich nicht heissen, dass der Missbrauch gefördert werden soll. Diese Einsicht ist heute sicher allgemein. Masshalten tut not, und dafür hat sich unser Baudepartement seit vielen Jahren im Strassenbau – in Abstimmung mit Regierung und Parlament – bemüht. Das war nicht immer leicht. Denn vor etwa 20 Jahren war – wie gesagt – die Planungseuphorie im Schwunge. Wer zurückhaltend war und bei Aufwand, Kosten und Folgekosten sparen wollte und auch sparte, wurde von den Planungsgläubigen als «kleinkariert» und «ewig Gestriger» eingestuft. Man muss es ihnen zugutehalten, sie waren wirklich Überzeugte, die an das als unausweichlich

19

geltende Wachstum ehrlich glaubten und alles tun wollten, um dafür vorbereitet zu sein. So lehrte ein bekanntes Fachinstitut der Planung, dass die Schweiz im Jahre 2000 zehn Millionen Einwohner zu «verkraften» haben werde. Darauf habe man sich auszurichten! Das nötige Geld zu beschaffen, sei Sache der Politiker, sagte ein auch in Solothurn auftretender Planungsfachmann mit Rang und Titel aus der Weltstadt Zürich. «Geld beschaffen» ... mit solchen Kleinigkeiten konnte und wollte er sich nicht abgeben. Später korrigierten dann die Fachmänner ihre Zahlen, indem sie recht geschickt («clever» sagt man heute) ein neues, hinausgeschobenes Planungsziel «Z 2» einführten, in welchem die vorausgesagten zehn Millionen Einwohner eintreten würden, etwa im Jahre 2040 oder so; aber zehn Millionen kämen bestimmt, weissagten sie voller Trost und Hoffnung.

Inzwischen offenbarte sich aber die alte Spruchweisheit von Wilhelm Busch, denn «Erstens kommt es anders, zweitens als man denkt.» Es kam der Pillenknick – der Klapperstorch «steckte zurück», und die Planerprognose war im Eimer, denn im Jahre 1980 zählte die Schweiz sozusagen gleich viel Einwohner wie im Jahre 1970, nämlich jeweils rund 6,3 Millionen Einwohner, davon rund 880 000 Ausländer.

In jener «grossen Zeit» der «Superplaner» waren amerikanische Massstäbe gefragt: «Jeder unserer Haupstädte – ob gross oder klein – ein Tangentennetz» war die Parole. Überall sollten San Francisco oder Hamburg im kleinen entstehen. Inzwischen ist dieser Planungsrausch verflogen wie ein Spuk, und man beschränkt sich wieder auf das Wesentliche, zu dem man stehen darf und stehen soll. Heute ist gottlob der Spruch allgemein anerkannt, den unsere Regierung damals hart durchexerzieren musste: «Es ist besser, wenn die Regierungen planen, als wenn die Planer regieren». Eine vernünftige Planung ist heute unbestritten, denn ohne Planung geht es nicht, das wussten schon die alten Römer – wie man sagt –. Aber was zum Teufel heisst «vernünftig»? Eine verflixt schwierige Frage; die Antwort gibt nur das Leben – die Praxis. Dabei muss man sich vor Götzenanbetung ebenso hüten wie vor moderner Bilderstürmerei. Sachlichkeit ist alles.

Tangenten

Auch an der schönen Stadt Solothurn gingen diese gewaltigen Strömungen der Zeit nicht vorbei. Das liegt in der Natur der Sache, und niemand kann und soll darin etwas Tadelnswertes sehen. Man war eben begeistert vom neuen Wesen. Der Wachstumsglaube war ehrlich und ungebrochen. Tangenten waren aktuell und gefragt, am Rande der Altstadt und westlich der Stadt. Überall sollte der Kanton solche Tangenten planen, sicherstellen und möglichst bald ausführen. Vorreiter in dieser Sache war die Regionalplanung Solothurn und Umgebung (Repla). Es ging insgesamt um etwa neun Strassenzüge, wovon der Anschluss an die N1 Bahnhofplatz–Luzernstrasse–Aarmattüberführung–Anschluss Luterbach bereits im Bau war. «Unabdingbar» schienen nach der Eingabe der Repla die Osttangente auf Zuchwiler Gebiet mit einer neuen Aarebrücke, etwa auf der Höhe des heutigen Schwimmbades Zuchwil, die danach nach Norden stossen und als Nordtangente längs dem Herrenweg und entlang der Kanti nach Westen geführt werden sollte, wohlverstanden mit zeitgerechter Breite usw. Eine «innere Westtangente» sollte die bisherige Wengistrasse samt

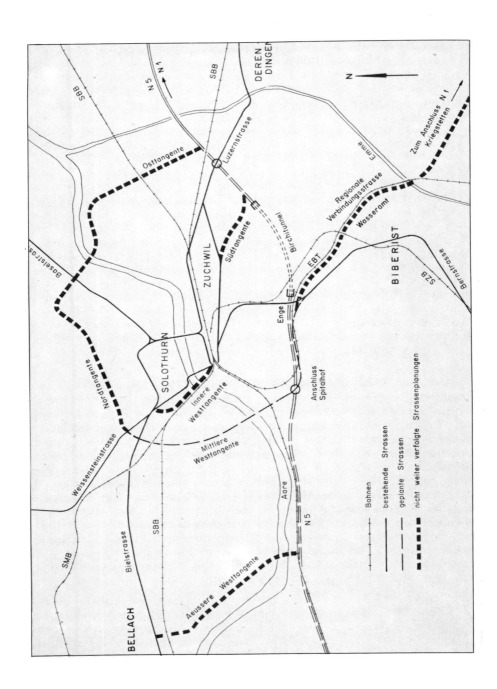

21

Wengibrücke ersetzen und etwas flussaufwärts in «schiffahrtsgerechter» Hochlage beim Alten Spital das Bild der Altstadt «bereichern». Als das Baudepartement davon abriet und als Ersatz die Mittlere Westtangente nahe der Badanstalt der Stadt als Ersatzstrasse vorschlug, wurde dieser Vorschlag zwar dankend angenommen, aber gleichwohl auf der «Inneren Westtangete» beharrt. In einem Beschluss vom 12. Dezember 1967 hatte der Regierungsrat ganz allgemein zu den zahlreichen Strassenbaubegehren festgehalten, dass Verkehrsplanung wohl eine wichtige Aufgabe sei, aber weder die wichtigste noch die einzige, welche die öffentliche Hand zu lösen habe. Neben der Verkehrsfläche habe auch das Ortsbild ein Anrecht auf gebührende Achtung und auf Schutz; das treffe insbesondere bei der Inneren Westtangente zu, welche der Regierungsrat aus den gleichen Erwägungen schon im Jahre 1963 abgelehnt habe. Im gleichen Beschluss distanzierte sich der Regierungsrat auch von der Osttangente und der Nordtangente. Die Südtangente – im Prinzip Zuchwilerstrasse südlich der SBB-Linie, mit einem speziellen Anschluss an die N5, wurde als eine Angelegenheit der Gemeinde Zuchwil erklärt und die «Äussere Westtangente» (Bellach–neue Aarebrücke–Anschluss Lüsslingen N5) als «zurzeit nicht spruchreif» nicht in Betracht gezogen. Dem Rotstift fiel später auch die «Regionale Verbindungsstrasse Wasseramt» (Fortsetzung der Mittleren Westtangente vom Spitalhof–N5–Biberist–Anschluss N1 in Kriegstetten) zum Opfer. Inzwischen hat der Staat – wie ich in den Kantonsratsverhandlungen gelesen haben – das vorsorglich erworbene Land ohne Verlust und ohne Gewinn der Gemeinde Gerlafingen abgetreten.

Verhinderte Ideen und Projekte im Thal ...

Rasch war die Idee einer hochgeschwungenen Einleitung der Thalstrasse in Balsthal in eine vorgesehene neue Umfahrungsstrasse von Passwangstrasse (St. Wolfgang) und Obern-Hauenstein-Strasse in den Schubladen der Planer wieder verschwunden. Es war der gutgemeinte – technisch vielleicht elegante Gedanke, durch ein Brückenbauwerk nördlich des Städtchens Klus auf Giebelhöhe der Häuser die Thalstrasse auf die andere Seite in die neue Umfahrungsstrasse zu führen, wo ein Stichtunnel unter dem Schlossfelsen die Verkehrsnot beheben sollte. Mit Erfolg wehrten sich die Behörden von Balsthal und der Regionalplanung (falls sie damals bereits bestand) gegen diese «Bereicherung des Ortsbildes». Nach kurzer Beratung läutete das Sterbeglöcklein, und es bestand weiterhin Gelegenheit, über andere Lösungen für die Sanierung bei der Thalbrücke oder andernorts nachzudenken.

... und im Gäu und Niederamt

Kürzlich habe ich in der Zeitung gelesen, dass im Kantonalen Richtplan für die Region Olten-Gösgen-Gäu ein «in Memoriam» vollzogen wurde für die sogenannte Hafenstrasse quer durch das Gäu – in gewissem Sinne ein «Überbleibsel» der hohen Schiffahrtspläne und der damaligen Strassenbau-Hochstimmung. Sie war ein ungeborenes – und darum soll man nicht sagen missratenes – Kind ihrer Zeit. Im Laufe früherer Jahre war bereits verschwunden ein geplanter Flussschifffahrtshafen im Gebiete von Winznau, welchen der Regierungsrat – wenn ich mich recht erinnere – im Zusammenhang mit der

Ortsplanung der Gemeinde aufgab, worüber die in Schiffahrtsfragen zuständige Bundesbehörde keineswegs glücklich war. Allein, es ging nicht an, die Entwicklung einer Ortschaft durch Festhalten an unerwünschten und wirklichkeitsfremden Plänen für Grossprojekte zu verunmöglichen.

Die Verhinderung zahlreicher niedlicher «Bienenhäuschen, Geräteschuppen und Schafställen», die später zu netten Wochenendhäuschen und dergleichen werden sollten, gehört zur Routine des Juraschutzes, den der Kanton Solothurn so erfolgeich pflegt, dass man aus der Luft – etwa im Helikopter – sofort und leicht erkennen soll, wo der Kanton Solothurn liegt und wo die Zersiedelung der Erholungslandschaft schon «nette» und zahlreiche Früchte gebracht hat.

Einkaufszentren

Zu erwähnen ist auch, dass ein grosses Einkaufszentrum in der Einung Selzach, das schon weit gediehen war, in Planung und Vorbereitung, vom Regierungsrat abgelehnt worden ist, weil der Verkehr auf der Hauptstrasse zu sehr hätte behindert werden können und weil diese überlastet worden wäre. Aber auch andere Gründe waren massgebend für das regierungsrätliche Nein. Ein anderes Einkaufszentrumsprojekt im Wasseramt verschwand ohne spezielles Zutun der Baubehörede des Kantons «einfach so» wieder in der Schublade.

Dem Einkaufszentrum Langendorf standen die Behörden bei Staat und Gemeinde positiv gegenüber, weil damit eine grössere Zahl Arbeitsplätze erhalten werden konnte. Freilich musste die Bauherrschaft recht erheblich ins Gewicht fallende Auflagen für die Regelung des zu erwartenden bedeutenden Strassenverkehrs erfüllen, die sie eine «schöne Stange Geld» kosteten.

Verhinderte Tierfabrik am Scheltenpass

Da fällt mir zu guter Letzt noch ein Brocken ein, den die Regierung glücklicherweise mit Hilfe des Bundesgerichtes verhindern konnte, das an Ort und Stelle im schönen Guldenthal einen Augenschein vornahm. Eine grossmächtige, ausserkantonale Organisation wollte an der Scheltenstrasse eine Tierfabrik für einige Hundert Mastschweine erstellen und das Futter mit Lastwagen über die schmale Strasse heranfergen. Diesem Vorhaben leisteten die Kantonsvertreter so heftigen Widerstand, dass der junge und gewandte Anwalt der Bauherrschaft am Augenschein bemerkte: «Auf einen derart emotionalen Ton, wie ihn der Baudirektor eben erst eingeschlagen hat, lasse ich mich schon gar nicht ein.» Worauf ihm entgegnet wurde, ohne Emotionen und Einsatz lasse sich nichts Schönes schaffen und auch nicht erhalten, und dieses prächtige Guldenthal sei eines solchen Einsatzes sicher wert, wozu der Bundesrichter zustimmend nickte, wie es mir schien.

Auf jeden Fall nahm die Sache ein gutes Ende. Man stelle sich heute die Kritik vor, wenn am Schelten eine solche Anlage von «Schweinemultis» entstanden wäre. Das hätte mit vollem Recht einen schönen Ärger und einen entsprechenden Volkszorn abgegeben. Wir wollen uns nicht mit fremden Federn schmücken und dankbar anerkennen, dass der Kanton in dieser Sache auf die tätige Unterstützung des Eidgenössischen Amtes für Umweltschutz zählen konnte, das den Standpunkt des Baudepartements und der Regierung in seiner Stellungnahme an das Bundesgericht als angemessen und richtig bezeichnete.

In der Gemeinde gelernt
und Erfahrungen gesammelt

Wohl die meisten Politiker – «Amateure und Profis» – beginnen ihre «Laufbahn» in der Gemeinde, welche ja die Zelle unseres Staatskörpers ist. Das ist gut so, denn es ist der angemessene Weg von «unten nach oben», wobei es fraglich ist, ob diese Ausdrucksweise zutrifft, denn das Kleinere ist nicht das weniger Wichtige; aber das ist «philosophiert» und sagt nicht viel aus.

Zu meinem ersten politischen Ämtli kam ich im Jahre 1938 auf eine merkwürdige Weise – gewissermassen ahnungslos – wie die Jungfrau zum Kind, sozusagen. Ich hatte eben erst auf der Universität Basel abgeschlossen und zeigte mich zum erstenmal an einer Bürgergemeindeversammlung meiner Heimat- und Wohngemeinde Dornach, wo ich aufgewachsen bin. Unter Traktandum X war die Wahl des neuen Präsidenten der Vormundschaftsbehörde aufgeführt, da der bisherige Amtsinhaber während der Amtsdauer zurückgetreten war. Man wählte den Nachfolger an der Bürgergemeindeversammlung; ob das nach Gemeindegesetz ganz lupenrein war, stand nicht zur Frage. Da verteilte der Aktuar der FdP vorgedruckte Wahlzettel an die Anwesenden. Ich bekam auch einen solchen Wahlvorschlag und las mit Erstaunen meinen Namen! ... Kein Mensch hatte mich gefragt, und ich war nicht wenig überrascht ob diesen Methoden. Aber ich war damals noch Anfänger und ich wollte keinen Skandal machen – später hätte ich gewiss anders reagiert. Ehrlich gesagt – es schmeichelte mir auch ein wenig – denn es war sicherlich eine «Ehre»! Zu verdienen war freilich nichts dabei, sonst hätten sich jene um das Pösteli beworben, die damals das «Sagen» hatten und es recht gut verstanden, die fetteren Ämtli sich oder den «Ihren» zuzuschanzen. Ich nahm also an und besorgte gewissenhaft die nicht gerade aufzehrenden Amtspflichten während etwa zweier Jahre, bis ich während des Aktivdienstes als juristischer Sekretär zu Regierungsrat Otto Stampfli in das Bau- und Landwirtschaftsdepartement kam und nach Solothurn zog.

Stärkste Gewerkschaft

Einige Jahre später reiste ich als Amtschreiber von Thierstein und neubestellter Ammann der Einwohner- und Bürgergemeinde Breitenbach im März 1949 an eine Versammlung nach Olten. Es ging um die Gründung einer Vereinigung der Solothurnischen Einwohnergemeinden, die vor allem ein alter Ammann und Kantonsrat, Albert Berchtold von Selzach, und ein junger Jurist, der damals kein Gemeindeamt innehatte, Dr. Leo Schürmann, angeregt hatten. Ich stand der Sache eher «abwartend» gegenüber und etwas skeptisch und verliess das Versammlungslokal als erster Präsident, nachdem ein vorher angefragter Ammann abgelehnt hatte und weil man mir als einem ehemaligen juristischen Sekretär und Amtschreiber das nötige Rüstzeug zutraute.

Übrigens hat sich der Gemeindeverband unter der Leitung verschiedener Präsidenten – von einem die Regionen berücksichtigenden Vorstand unterstützt – zur stärksten «Gewerkschaft» das Kantons entwickelt, wie seinerzeit Finanzdirektor Gottfried Klaus im Parlament feststellte. Nach mir amteten als Präsidenten Dr. Hans Derendinger, Stadtammann von Olten, der Ammann von Günsberg, Dr. Franz Eng, und zurzeit waltet Dr. Ulrich Isch, Ammann in Nennigkofen, mit Einsatz des Amtes.

So stand ich denn plötzlich und unvermittelt in der kantonalen Politik – also in jenem «Beruf», der nach der Meinung des alten Kato im alten Rom – neben der Landwirtschaft – der einzig ehrenwerte (und erstrebenswerte) sein soll. Andere sehen den Politiker freilich anders, aber davon soll hier nicht die Rede sein.

Und es wurden im Laufe der Jahrzehnte viele Stationen, auf denen ich vorbeikam und verweilte. Man hat mich einen «Schaffer» genannt, ein Ausdruck, der nicht in allen Ohren als Empfehlung tönt, und ja auch nicht unbedingt ein Gütezeichen ist. Allein, es tritt jeder nach einem bestimmten Gesetze an, und ich wollte und konnte mich nicht aufs «Improvisieren» verlassen: es müsste einer verdammt gescheit sein, wenn er sich auf sein unfehlbares Gedächtnis und auf seine trickreichen Trippelkünste allein und einzig verlassen möchte, meine ich.

Gründlich kennengelernt

Als Bau- und Landwirtschaftsdirektor – überhaupt als Regierungsrat – ist es mir meiner Meinung nach zustatten gekommen, dass ich das Leben auf dem Lande und die Freuden und Leiden eines Gemeindeoberhauptes gründlich kennengelernt hatte. «Ammann sein ist kein Schleck» waren die letzten Worte meines Amtsvorgängers, als dieser nach drei Jahren «gehabter Ehre» das Handtuch warf und mir alles Gute wünschte auf meinem Weg als Steuermann des aufblühenden aber pardon «etwas auflüpfigen» Bezirkshauptortes Breitenbach. Als ich nach rund 13 Jahren Amt und Würden – es war, ehrlich gesagt, zum Teil auch ein Frondienst – nach Solothurn ins Rathaus zog, war mir wiederum eine andere Rolle zugeteilt. Nun stand ich auf einem andern Hügel, von dem aus die Sicht nicht mehr dieselbe war. Immerhin habe ich – wie meine Kollegen im Rathaus – mit den Gemeinden und ihrer machtvollen und selbstbewussten, aber auch aufgeschlossenen Vereinigung der Solothurnischen Einwohnergemeinden ein gutes Verhältnis gepflegt. Das Sprichwort, dass «d'Liebi muess zangget ha», kam selten zur Geltung, aber hin und wieder gleichwohl. Meine Amtsjahre fielen glücklicherweise in die erfreuliche, heute durch Dauer gefestigte Zeit, in der man den politischen Gegner – auch in solothurnischen Landen – nicht mehr als einen Feind, sondern als einen (– «leider im Irrtum befangenen» –) aber im Grunde achtenswerten Mitbürger verstand, der auf seine Weise ebenfalls das Rechte wollte.

Und es war sogar im Laufe der Zeit ein kleines Wunder – eine Gesinneswandlung – eingetreten. Man bekam Verständnis für die Rolle des «politisch andersfarbigen» Mitbürgers, und man hatte sich sogar nach einigen Anläufen aufgerafft, auch die Frauen in politischen Fragen als ebenbürtig und gleichberechtigt anzuerkennen – oder mindestens zu dulden.

Das Beispiel Zuchwil

Es waren Jahre der Arbeit und des Kampfes, aber auch Jahre der Erfüllung. Freilich stand insbesondere zu Beginn meiner Amtsjahre das Baudepartement unter einem ständigen Druck. Man forderte von allen Seiten dringlich den Ausbau der Strassen, die Abwasserreinigung, neue und bessere Gesetze für das

Planen und Bauen, für den öffentlichen Verkehr, für den Landschaftsschutz und vor allem auch die folgerichtige Handhabung der Vorschriften. Alles Mögliche und Unmögliche sollte getan und gelassen werden, und zwar heute oder gestern lieber als morgen. Die Glocken der Heimat läuteten von allen Höhen und aus allen Tälern, und das Echo hallte vielfach wider von allen Jurabergen. Man verlangte nachdrücklich und lautstark «mutige Taten, kühne Ideen» anstelle von «kleinen Schritten». Auch die Landwirtschaft hatte berechtigte Forderungen zu stellen. Für Dutzende von Höfen auf den Jurahöhen musste die Stromversorgung gesichert werden; die Bergstrassen glichen weiterum eher Bachbetten als fahrbaren Strassen. An den Zusammenkünften mit den Gemeindeammännern, die seinerzeit Finanzdirektor Willi Ritschard in seinem ersten Landammannjahr angeregt hatte – und die uns im Laufe einer vierjährigen Amtsperiode mit den Vertretern aller Einwohnergemeinden zusammenführten –, stand der Baudirektor regelmässig und unbestritten im Mittelpunkt des Wunschkonzerts. Es waren stets und überall dieselben Anliegen. Da war – um nur ein Beispiel zu nennen – die stattliche Vorortsgemeinde Zuchwil, die damals auf dem besten Wege war, die vierte Stadt im Kanton (10 000 Einwohner) zu werden mit ihren «gwirbigen» Behörden, die sich für das Gemeinwohl ins Zeug legten. Autobahn, Zufahrtsstrasse, mit Aufhebung des sozusagen ständig geschlossenen Niveauübergangs in der Aarmatt, II. Juragewässerkorrektion und Ufergestaltung, Kläranlage Emmenspitz und Kehrichtverbrennungsanlage (Kebag) einschliesslich Immissionsproblemen aller Art. Zuerst mit der Mannschaft unter Ammann Willy Christen und dann die Truppe unter Ammann Ruedi Ruch. Und immer haben wir schliesslich und endlich eine Lösung gefunden, ohne uns etwas zu «schenken». So durfte ich mit guten Gründen an irgend einer gemütlichen Feier erklären: «In Zuchu ist es unter Ammann Willy Christen ‹ruch› und unter Ammann Ruedi Ruch ‹wie unter Christen› zugegangen, aber gegangen ist es!» Das war ein aufrichtiges Kompliment.

Der kleine Unterschied

An «meiner» letzten Zusammenkunft im Rahmen der «Treffen der Regierung mit den Gemeindevertretern» beklagte sich der Ammann einer kleinen, tapferen Berggemeinde: Da habe der Baudirektor Erzer einfach – angeblich um das «Spritzkannenprinzip» abzuschaffen – den Unterhaltsbeitrag an die Bergstrassen der Gemeinde gestrichen – «Zack – Zack!» – Es seien immerhin 2000 bis 3000 Franken, und die finde die Gemeinde Grindel nicht auf der Strasse, denn sie habe keine Industrie und keine emsigen Bienen, die der Gemeindekasse Honig spendeten. Einige Tage später gestand mir der Ammann am Telefon, seine Zahlen seien falsch gewesen, der Gemeindeschaffner habe einen ... abgelassen. Er habe Kraut und Rüben durcheinandergezählt. Es seien nämlich nur 200 bis 300 Franken gewesen. Ich sagte ihm: «Herr Ammann, Sie haben mir an der Sitzung in Büsserach neue Wünsche unterbreitet und an mein Wohlwollen appelliert. Gut... ich will machen, was ich kann. Aber für ein ander Mal rate ich Ihnen, einem Regierungsrat nicht sozusagen vor allen Leuten an den Karren zu fahren, wenn man von ihm nächstens wieder etwas haben möchte.» Da fuhr er mir schmunzelnd ins Wort: «Das mag dr Erzer scho verlide, oder nit?»

Aber es gab in dieser Hinsicht auch andere Meinungen und Ansichten über den Baudirektor. An einem grossen Dorffest im schönen Gäu erzählte der Gemeindeammann von Härkingen von der wohlgelungenen Güterzusammenlegung, vom Bach- und Strassenbau, der immer wieder Ärger gegeben habe mit Solothurn. Da habe der Gemeinderat temperamentvoll ans Baudepartement geschrieben, aber der Baudirektor habe postwendend mindestens in der gleichen Tonart und Lautstärke geantwortet.

Und zum Schlusse das Urteil eines Historikers – eines Doktors «phil. I»! Gegen das Ende meiner Amtszeit fragte ich zu vorgerückter «heiterer» Stunde in gelöster Stimmung meinen Kollegen Alfred Wyser, der damals im Begriffe stand, als «Gesamtverteidiger» nach Bern zu gehen, wie er mich als Politiker und Taktiker beurteile. «Jä...», sagte er abwägend – «eigentlich ganz recht, aber der Unterschied zwischen uns beiden ist der folgende: Ich kann mich aus jeder ‹bränzligen› Situation – sozusagen ohne Anlauf – herausreden – und Du –, Du schaust, dass Du nicht hineingerätst.» Da hatte ich nichts darauf zu antworten und beizufügen.

Der Kanton Solothurn und seine Nachbarn

Wir haben es wiederholt gehört, zu spüren bekommen, und wir wissen es: Die Solothurner müssen in einem höchst eigenartig geformten Kantonsgebilde leben, was von jeher Gegenstand für mehr oder weniger gelungenen Kommentaren und Aussprüchen gewesen ist. Zu den träfen Sprüchen gehört ohne Zweifel derjenige von Bundesrat Josef Munzinger «Wenig Speck und viel Schwarte, viel Hag und wenig Garte». Man hat die Form des Kantons auch mit der Gestalt eines Raubvogels verglichen, mit dem Schnabel im Niederamt, den Krallen im Schwarzbubenland und dem Schweif im oberen Kantonsteil.

Von jedem Punkt des Kantonsgebietes aus kann man in einem einstündigen Fussmarsch bekanntlich über die Kantonsgrenze marschieren und vom hintern Leimental aus sogar durchs Elsass. Weniger bekannt wird freilich sein, dass die Solothurner zusammen mit den Bernern und neuerdings auch mit dem Kanton Jura – nach einer Übereinkunft aus dem Jahre 1930 zwischen der Eidgenossenschaft und der Republik Frankreich – die Hälfte oder je einen Sechstel an den Unterhalt der «Route internationale» zahlen, die andere Hälfte leistet die «Grande Nation». Hinter dem grossen Namen «internationale Strasse» verbirgt sich ein kurzes französisches Strassenstück zwischen Lucelle («Grosslützel im Elsass») und dem solothurnischen Kleinlützel (bis zum «Klösterle»), das einen Teil der Strassenverbindung aus der Region Basel nach Pruntrut im Jura darstellt und zum grössten Anteil von schweizerischen Fahrzeugen befahren wird, weshalb die Kantone in die Tasche greifen müssen. So streng sind eben die alten Bräuche in der «douce France», wenn es um «Moneten» geht.

Der weite Horizont

Aber die Solothurner haben es gelernt, mit solchen Verhältnissen erstaunlich gut zurechtzukommen. Fritz René Allemann, der bekannte, weitgereiste Journalist und Autor, hat in seinem bemerkenswerten Buch «25mal die Schweiz, 2. Auflage 1968» dem Kanton Solothurn das Kompliment gemacht, er sei mit seiner durch die geschichtlichen Tatsachen bedingten Form recht gut durchgekommen. Der staatsbildende und staatserhaltende politische Wille dieses Standes sei stärker gewesen als die Nachteile der geographischen Verhältnisse – die «Zentripetalkraft der Geschichte habe die Zentrifugalkraft der Geographie» überwunden. Auch andere Artigkeiten, die 1968 und früher sicher sehr zutreffend waren, hat Fritz René Allemann von unserem Kanton gesagt. Er hat lobend erwähnt, dass die beachtliche wirtschaftliche Stärke dieses verhältnismässig spät industrialisierten Kantons in der Vielzahl seiner regionalen Zentren begründet sei, die sich sozusagen wirtschaftlich frei, ohne einen zentralistischen Druck von der Hauptstadt aus, hätten entwickeln können. Das war damals richtig – aber nichts ist beständiger als der Wechsel, hat ein griechischer Philosoph behauptet, und wer kann das bestreiten? Leider trifft es auf die solothurnische Volkswirtschaft zu einem grossen Teil zu, die leider arg gebeutelt worden ist, sicher nicht zuletzt darum, weil sie zu einseitig ausgerichtet und zu wenig anpassungsfähig war. Es ist auch nicht jeder ein grosses Licht, der sich dafür hält, und irgendeinmal kommt die Stunde der Wahrheit, was ebenso traurig wie tröstlich sein mag. Aber auch eine gewisse –

für den alemannischen Volksschlag überdurchschnittliche Fröhlichkeit und eine wohltuende Konzilianz hat Fritz René Allemann bei den Solothurnern lobend festgestellt. Auf jeden Fall verlieh der darob sichtlich erfreute Regierungsrat dem verdienstvollen Mitbürger auf Antrag der zuständigen Stellen im Jahre 1972 einen solothurnischen Kulturpreis als einem bedeutenden und wohlverdienten Mann der Feder. Der Geehrte dankte bei der Entgegennahme von Urkunde und Preis recht artig und erklärte in seinem tadellosen, offensichtlich nicht in heimatlichen Landen erworbenen, allzu perfekten «Hochdeutsch», das so ganz und gar nicht in einen eidgenössischen Mund zu passen schien: Er sei zwar nicht Bürger der Thaler Gemeinde Welschenrohr, wie es die Solothurner Behörde angenommen habe, sondern Bürger von Basel-Stadt – allenfalls von der Abstammung her ein Elässer, aber gerade diese noble Geste des Kantons Solothurn beweise die Weite des solothurnischen Geistes, der sich nicht durch zufällig gezogene Grenzen beeindrucken lasse. Solothurn wisse eben zu leben und sei in der Tat ein Brückenkanton über die engen Grenzen hinweg. – Solothurn sei die «Brücke an sich» – sozusagen.

Langjährige fruchtbare Zusammenarbeit

Und damit bin ich zum eigentlichen Thema gekommen: Kein Kanton – kein Gemeinwesen kann die Aufgaben der heutigen Zeit erfüllen ohne gute Verbindungen zu den Nachbarn. Die Grenzen haben in der Tat nicht mehr die Bedeutung wie zu Jeremias Gotthelfs Zeiten; sie verbinden mehr, als sie trennen – sie sollten es wenigstens. Berg und Tal und das Wasser halten sich nicht an die von menschlicher Willkür und von Menschenwitz gezogenen Grenzlinien. Aber am guten Willen der Nachbarn zur Überwindung dieser gewachsenen und durch die Zeit bestätigten Grenzlinien hat es in den 20 Jahren meiner Amtstätigkeit nie gefehlt. Als Beispiele erwähne ich die grosse II. Juragewässerkorrektion, die fünf Kantone – von der Waadt über Neuenburg, Freiburg, Bern und Solothurn – im Verein mit dem Bund zu einem grossen Werk zusammenfügte, das nun seit gut 15 Jahren seine Wirksamkeit und seine Bedeutung als Hochwasserwehr immer wieder eindrücklich aufgezeigt hat. Auch der Naturschutz – heute Umweltschutz genannt – ist ja heute in diesem «100-Millionen-Ding» versöhnt, denn es ist inzwischen im solothurnischen Aareraum·ein beachtliches Erholungsgebiet für Spaziergänger und Fischer entstanden. Freilich muss man sich ernsthaft fragen, ob ein solches Werk sich in der heutigen Zeit noch «durchziehen» liesse. Auch beim Bau des Bölchentunnels der Nationalstrasse N2 – der übrigens im solothurnischen Parlament zu fünf Vorstössen und im Kanton Baselland zu keinem einzigen Anlass gab – hat sich die Zusammenarbeit der Kantone im Verein mit dem Bund trefflich bewährt. Hier wurde in langjährigem gemeinsamem Bemühen ein grosses und anspruchsvolles Werk geschaffen.

«It's a long way ufs Guggershörnli...» könnte man sinngemäss sagen oder bestimmter ausgedrückt: Es war ein langer Marsch durch den dunklen Tunnel, vom Landwerb bis zum Abschluss der bei Tunnelbauten offenbar unvermeidlichen und «vorprogrammierten» Streitereien zwischen Bauherrschaft und Tunnelbaufirmen.

Das jahrelange Zusammenwirken der Baudirektoren, die zusammen mit den Sachbearbeitern jeweils den interkantonalen Baukommissionen angehörten,

" *wenig Späck*
und vill Schwarte
vill Haag
und wenig Garte "

Bundesrat Munzinger

hat manche solide Kameradschaft entstehen lassen, welche die Zeit des Tunnelbaus überdauert hat. Auch hier erfuhr ich eindrücklich, dass alles sich ändert im Laufe der Zeit und dass nichts beständiger ist als der Wechsel. Ich habe vier Berner Baudirektoren «erlebt» als Kollegen, nämlich Samuel Brawand zu Beginn, dann Henry Huber, Erwin Schneider und Gotthelf Bürki und mit ihnen viele anstehende Probleme in gutem Einvernehmen behandelt. Im Kanton Baselland waren die Bau- und Landwirtschaftsdirektoren Max Kaufmann, Paul Manz und Paul Nyffeler wohlwollende und loyale Kollegen. Im Kanton Aargau betreuten der feinfühlige Kurt Kym und hernach der stets frohgemute Jörg Ursprung die Baudirektion. Aareabwärts stellten sich in jener Zeit keine vordringlichen und besonders bemerkenswerten überregionalen Aufgaben, die spruchreif waren. Es zeigte sich vielmehr, dass die gemeinsamen Strassenprobleme im Raume Olten/Aarburg reifen mussten und sich weiterhin klären müssen. Hier erschien, nach gründlicher gegenseitiger Absprache, den Baudirektionen ein vorläufiges Zuwarten – aber nicht bis zum «Sankt-Nimmerleins-Tag» – das angemessene Verhalten; es fand sich nämlich weit und breit niemand, der eine «machbare» Lösung vorschlagen konnte. Der frühere Bau der Nationalstrasse N1 lief reibungslos, und gegen das Mammut-projekt der Bundesbahnen im Niederamt (Regionaler Rangierbahnhof) hatte sich unser Kanton selber zu wehren, da der Aargau nicht damit beglückt werden sollte. Im Frühsommer 1983 war aus dem Bundeshaus zu vernehmen, dass es auch bei den Schweizerischen Bundesbahnen und im zuständigen Departement in Bern «vor dem Walde zu tagen» beginnt. «Hoffen wir dasselbe mit der überrissenen NHT-Schnellbahn», wage ich höchstpersönlich und «ohne Kompetenzen und Berufung» beizufügen.

Dringliche überregionale Aufgabe ersten Ranges war damals der Gewässerschutz, der heute in unserem Kanton als nahezu vollständig gelöst gelten darf – ganz «fertig» ist niemand und nichts. Nach mehr als 15jährigem Mühen ist es gelungen, die Abwasserreinigungsanlage im Emmenspitz bei Zuchwil für eine grosse bernisch-solothurnische Region in Betrieb zu nehmen und auf dem gleichen Areal auch die leistungsfähige Kehrichtverbrennungsanlage («Kebag») für rund 200 Gemeinden. Die Abwärme dieser Grossanlage wird für eine in der Nähe gelegene Industrie verwendet, nachdem sie bereits seit Jahren für die Stromerzeugung genutzt worden ist. Weniger spektakulär, aber nicht weniger bedeutungsvoll, waren die Kläranlagen in Zwingen für das Lüsseltal und das Laufental, die Abwasserreinigungsanlage in Reinach BL für die Gemeinden Dornach und Gempen sowie die Abwasserreinigungsanlage Therwil für die solothurnischen Gemeinden des hintern Leimentals und natürlich auch für die angeschlossenen Gemeinden des Nachbarkantons. Gerade so wichtig war natürlich die Beschaffung von Trinkwasser für die Gemeinden der wasserarmen Juragebiete im Dorneck und im Thierstein. In allen diesen Fällen gelang es, mit Hilfe der Nachbarkantone das Wasserproblem zu lösen. Wiewohl auch diese keineswegs über unerschöpfliche Grundwasserreserven verfügten, liessen sie das köstliche Nass in einem für sie vertretbaren, angemessenen Ausmass ins benachbarte Schwarzbubenland pumpen. Damit war eine für die gedeihliche Entwicklung dieser Dörfer lebenswichtige Frage glücklich gelöst. Daran möchte ich hier lobend denken; es waren «beherzte» und grosszügige Taten der Nachbarkantone.

Bei einer «Wasserfeier» in Zwingen dankte ich meinem langjährigen guten Kameraden und Freund, dem bernischen Regierungspräsidenten, Landwirtschaftsdirektor Ernst Blaser, für die noble Haltung. Die Solothurner hätten aus dem Lüsseltal Abwasser geliefert und dafür aus dem Birstal Trinkwasser bezogen. Das sei nach meiner Meinung ein angemessenes und faires Geschäft. «Abwasser gegen Trinkwasser» – auf dieser Basis seien wir immer zu Abmachungen bereit. Nun – man muss gute nachbarliche Beziehungen, wie alle Beziehungen, die gedeihlich sein sollen, im Ganzen betrachten und bewerten.

Beim Gymnasium Laufental-Thierstein hat Laufen als Standortgemeinde das grosse Los gezogen. Die alte Grundregel der Römer «Do ut des» ist unbestreitbar ein massgebendes Prinzip von Handel und Wandel; sie bringt eine selbstverständliche menschliche Verhaltensweise zum Ausdruck, nämlich: «Ich gebe Dir etwas, damit Du mir auch etwas (Gleichwertiges) gibst.» Das ist angemessen und anständig, sofern und solange das Geschäft anständig und fair bleibt. Grosszügig war auch das Verhalten der Landschäftler in den hängigen Fragen des öffentlichen Verkehrs auf der Schiene – bei der Neuregelung des Kostenverteilers für die Birsigtalbahn anlässlich der Fusion der Vorortsbahnen im Raume Basel. Als der Kanton Solothurn – speziell im Hinblick auf die grossen Investitionen – eine gewisse Entlastung verlangte, weil ja die Erschliessung des hintern Leimentals auch eine Erschliessung dieses herrlichen Erholungsgebietes für die ganze Region Basel sei, lehnte Basel-Stadt kurz und bündig ab: «Me git nit... wir zahlen heute schon zuviel an dieses Bähnli, das

31

den Leuten vom Lande mehr dient als unsern Städtern.» Der Baselbieter Baudirektor nahm das Begehren mit nach Liestal, und bald darauf kam der Bericht, dass man Verständnis habe, und die Landschäftler taten auch ein merkliches Zeichen zu unsern Gunsten. Es war immerhin eine Entlastung von 20 %, was bei grossen Zahlen ins Gewicht fällt.

Überhaupt waren die Kollegen in Liestal und Bern «Kollegen im guten Sinne», nämlich Kameraden, die freundschaftlich zugetan waren. Kollegialität ist ein weiter – vieles umfassender Begriff –, der nichts und alles sagt. «Kollegialität» ist sozusagen «Schicksal» – man hat damit Glück oder Pech – etwas vereinfacht ausgedrückt. «Tritt Dir einer ins Gehege, ist es sicher ein Kollege.» Dieser Weisheitsspruch gilt übrigens überall, nicht nur in der Politik.

Kollegiale Verabschiedung

Zum Abschluss möchte ich ein erfreuliches Beispiel in Dankbarkeit erzählen: Als ich in der Junisession 1981 im Kantonsrat von Kantonsratspräsident Otto Goetschi und vom ganzen Parlament in liebenswürdiger Weise verabschiedet wurde, sass der Regierungspräsident des Kantons Basel-Landschaft, Paul Manz, auf der Ratstribüne. Am selben Abend war die Solothurner Regierung in corpore mit den Damen ins Schloss Ebenrain bei Sissach eingeladen als Gäste der Basellandschäftler Regierung. Diese Einladung auf diesen prächtigen Herrschaftssitz, der dem Kanton Baselland von privater Seite – sozusagen für ein Trinkgeld mit prächtigem Mobiliar und einem grossen Umschwung – überlassen worden war, erfolgte zu meinen Ehren. (Dem Kanton Solothurn sind – nebenbei bemerkt – bis heute in der Regel anders geartete «köstliche Geschenke» gemacht – oder nahezu aufgezwungen worden!) Als sinnvolles «Bhaltis» verehrte mir die Landschäftler Regierung eine prächtige Gesamtausgabe des Baselbieter Dichters und Nobelpreisträgers Carl Spitteler. In guter Laune verdankte Landammann Ruedi Bachmann die liebenswürdige Einladung und fügte – wie ich meine mit etlichen guten Gründen – bei: «Auch der Geehrte, Hans Erzer, wird noch eine Ansprache halten, aber erst am Ende – dann ist sicher, dass er bis zum Schluss bleibt.»

Da nahm mich Regierungspräsident Paul Manz in Schutz und erklärte: «Wenn Hans Erzer etwa an Zusammenkünften gefehlt hat oder früher wegging, dann war er sicher entweder auf dem Baudepartement oder zu Hause bei seiner Frau.» – Ich bin ihm heute noch dankbar für seine gute Meinung und für die grosszügige, wahrhaft kollegiale Verabschiedung durch die Kollegen aus dem Baselbiet.

Die Schwarzbuben,
ein Völklein im Wandel der Zeit

Als in letzter Zeit sich die Laufentaler Frage zuspitzte und die Gemüter bewegte, war auch die Meinung zu hören: «Was wollen wir mit denen anbändeln? Haben wir nicht mehr als genug mit den Schwarzbuben?» Das war eine klare Aussage, und wir haben Meinungsfreiheit. Freilich, Pharisäer hat es immer gegeben und mehr kritische Geister als selbstkritische Menschen, die sich nicht als unfehlbar betrachten. Oder sind diese Schwarzbuben – dort im Norden hinter den Bergen – so missgebildete Glieder am solothurnischen Volkskörper, dass sie den wahren Stützen unserer Gesellschaft ein Greuel und ein Dorn im Auge oder sonstwo sein müssen? Zugegeben, bei Volksabstimmungen stimmen sie gerne so, wie man es in Solothurn nicht gerade gern sieht. Ein alter Schwarzbube hat einmal bekannt, er habe sein Leben lang «Nein» gestimmt und sei damit eigentlich ganz gut gefahren. Wir wollen später dieser Sache nachgehen, aber vorerst festhalten, und zwar nicht ohne ein gewisses Heimweh, dass diese «garçons noirs» ein herrlich schönes, sonnenbegünstigtes Gebiet bewohnen. Wenn um die Hauptstadt und über dem ganzen Aaretal wochenlang ein dicker Nebel liegt, der einem «Erbsenmus vergleichbar» ist, so lacht jenseits des Passwangs die Sonne, und die Täler und Höhen liegen bis zum Blauen-Berg und darüber hinaus im herrlichsten Sonnenlicht. Das ist es, was den Wegzug aus diesem Lande so schwer macht, nicht die Leute – denn die sind nicht besser und nicht schlechter als anderswo.

Schwarz über die Grenze

Auch mit der Politik hat es geändert ennet em Berg –, man ist sachlicher geworden und hat andere Sorgen. Die Schwarzbuben sind ein nach hergekommenen Begriffen verhältnismässig abseits liegendes Grenzvölklein, aber heute spielen die Distanzen keine Rolle mehr, und überall hat die Bevölkerungsbewegung für eine gesunde Mischung gesorgt, neues Blut ist zugeflossen. Man hat sie während langer Jahrzehnte nicht gerade verwöhnt und pfleglich behandelt. Man gönnte ihnen bisweilen einige «Landjäger», wie die Polizisten damals hiessen. Lehreranwärter hatten schon eher Pech, ins Seminar zu kommen, das hat viel böses Blut gegeben. Ein Grossteil der Bezirkslehrer – sicher tüchtige Leute – wanderte von der andern Seite des Berges ein, wie die Namen unschwer erkennen lassen. Doch das ist kalter Kaffee. Die Vertreter der Regierung sassen in den nördlichen Vogteien auf den Schlössern, später in den Amtshäusern. Unter dem alten Regiment waren sie natürlich Angehörige des Patriziats. So war Solothurn weit weg, nah aber war die Grenze. Grenzen trennen, aber sie verbinden auch, wie wir wissen. Und dieser doppelten Funktion der Grenzen haben die Schwarzbuben offenbar ihren eigenartigen Namen zu verdanken. Was blieb in der vorindustriellen Zeit den armen Tagelöhnern, die nichts eigenes als Erwerbsgrundlage und selten regelmässige Arbeit hatten, anders übrig, als der Weg in den Wald oder über die Grenze: In den Wald, um Holz zu holen oder um mit Fallenstellen und Schiesseisen einem Häslein oder gar einem Reh den Garaus zu machen, um den Speisezettel der Familie etwas zu bereichern. Mein Vater hat hin und wieder die Geschichte vom schlauen Wachtmeister erzählt, der zum Wilderer so beiläufig sagte, morgen müsse er mit einem «Gefangenen» nach Solothurn. Am andern Morgen in der Frühe trat er hinter dem Baum am Waldrand hervor und sagte: «So sit er am Wildere? Jetz hanech, wüsset, I ha d'Reis uf Solothurn müesse verschiebe.» «Schwarz über die Grenze» heisst soviel wie Schmuggeln, der Obrigkeit, dem Zoll ein Schnippchen schlagen; das ist in den Augen des Volkes nichts Ehrenrühriges, das versteht sich. Ist es nicht heute noch so oder ähnlich, wenn wir von einer Reise nach Hause kehren? Das ist die Deutung des Wortsinnes durch Dr. h.c. Albin Fringeli, alt Bezirkslehrer in Nunningen, dem ich im Jahre 1975 in meinem ersten Landammannjahr den Solothurnischen Kunstpreis übergeben durfte. Ich selber habe ihn mit einstimmiger Billigung der Kollegen vorgeschlagen. Denn an «A.F.» führt kein Weg zu den Schwarzbuben vorbei, ja er ist in gewissem Sinne «der Schwarzbube an sich», welcher Geschichte und Wesen dieses eigenartigen Grenzvölkleins, welches neben dem alemannischen auch raurachisches, also keltisches Blut in seinen Adern fliessen hat, das es etwas leicht aufbrausen lässt. Es ist eigenartig auf dieser Welt, aber verständlich und auch angemessen: Das Leben und die Zeit werden in der Regel beherrscht von den Nüchternen und Tüchtigen, die ihre Pflicht tun und ihr Handwerk verstehen, es wird aber erhellt durch die Lustigen und Originellen. «Aber alle legen sich zu ihren Vätern nieder und kommen nimmer wieder» wie Matthias Claudius so treffend einfach sagt. Der Tüchtige lässt seinen mehr oder weniger vollen Sack zurück und der Originelle seine Worte, die durch die Zeit fliegen. Ein solches Original war seinerzeit im Schwarzbubenland der Pfarrer Bader vom «Beretenhof» in Mümliswil. Er ist als «Beretenpfarrer» in den Anekdotenschatz der Geschichtsfreunde eingegangen. Einmal ritt er hoch zu Ross vom Dorneckberg her über die Dornacherbrücke Richtung Mariastein an der Spitze einer Wallfahrt. Das «Wallen» musste er dem begleitenden Volk überlassen, da er am Gehen behindert war. Im Amtshaus in Dornach streckte ein Schreiber den Kopf aus dem Fenster und rief: «Herr Pfarrer, das ist nicht nach dem Evangelium geritten auf diesem Reittier.» «Das stimmt», antwortete der «Beretenpfarrer», «aber wisst – guter Mann – ich habe auf allen Mühlen ringsherum nachgefragt und keinen Esel auftreiben können. Es hiess, sie seien alle in Dornach im Amtshaus» und ritt weiter des Weges ins schöne Leimental an der Elsässergrenze.

Näher bei Paris

Eine andere Geschichte habe ich auf «dieser Seite» des Berges vernommen. Übrigens: Albin Fringeli hat die Streitfrage, wer denn «vor dem Berg» und wer «hinter dem Berg» sei – die im Aaretal oder die ennet dem Passwang –, auf seine Weise endgültig entschieden – und zwar so: «Das kommt auf den Standpunkt an, wir Schwarzbuben sind emel nöcher bi Paris und London. Punktum.» Also zurück zu der andern Anekdote: Vor vielen Jahrzehnten fuhr ein Schulinspektor zum ersten Male von der Hauptstadt nach Rodersdorf ins hintere Leimental. Dabei musste er etwa sieben- bis achtmal über Grenzen. Mit der Bahn ging es nach Basel. Und auf der «Heuwaage» stieg er ins Leimentaler Bähnli ein, dem Ziel der Reise entgegen. Er trat ins Schulzimmer und staunte, runzelte die Stirne und nach einigem Zusehen und Zuhören nahm er den Lehrer so recht ins Gebet: «Hören Sie, Sie halten sich gar nicht an

Zwei profilierte Vertreter des Schwarzbubenlandes: Josef Grolimund (rechts), Nationalrat von 1959 bis 1975, und Hans Erzer.

unsere pädagogischen Vorschriften und Weisungen. Und dann, was da an der Wand hängt! Anstatt das Bild von Pestalozzi dieser Spruch von «Liberté, fraternité, égalité». Da fuhr ihm der Lehrer ins Wort: «Monsieur, dr sit nit z'Rodersdorf, sondern z'Leime im Elsis, dir sit e Schtation z'frieh usgschtige.»

Schwarzbuben und Laufentaler im «gleichen Haus»?

Heute kommen die Herren von Solothurn im Schwarzbubenland besser draus. Sie haben aus der Not eine Tugend gemacht. Mit staatspolitischer Klugheit versuchen sie, die Nachteile der geografischen Zerrissenheit des Kantons auszugleichen, nach dem Grundsatz: «Eine geschickte Minderheitspolitik gibt abgelegenen Gebieten etwas mehr, als diesen rein rechnerisch – nach Strich und Faden – zusteht.» Es war mein Bemühen, in diesem Sinne zu wirken als Bau- und Landwirtschaftsdirektor, wie jeder meiner Kollegen an seinem Posten. Manchmal ist es gelungen, manchmal auch nicht. Ende der fünfziger und anfangs der sechziger Jahre war eine regelrechte Invasion von Schwarzbuben in hohen Ämtern des Kantons festzustellen. Von sieben solothurnischen Nationalräten waren drei Schwarzbuben und von den fünf Regierungsräten stammte einer aus dem Dorneck und der andere aus dem Thierstein. Dazu kam als seltene Perle noch Bischof Anton Hänggi von Nunningen. Der Name «Schwarzbube» war kein Schimpfname mehr, wie damals Albin Fringeli in der Basler Zeitung mit Stolz und Genugtuung schrieb; zu dieser Wende der Dinge hat der nimmermüde Kalendermann und Dr. h.c. der Universität Basel seinen redlichen Teil beigetragen. Auf jeden Fall sind die Schwarzbuben im Kanton Solothurn vollauf angenommen und heimisch. Wie sehr die politischen

35

Exponenten der nördlichen Amtei um das Wohl des Kantons interessiert sind, hat ihr unentwegter und frohgemuter – nach meiner Meinung zu gutgläubige – und zu idealistische Einsatz in der Laufentalfrage gezeigt. Ihre Meinung war, dass dort, wo ein Wille sei, sich auch ein Weg finden lasse. Nachdem heute für den Kanton Solothurn dieser «Tanz» zu Ende ist, gestatte ich mir als «alter Hase», der in dieser schönen Region des Juras lange Zeit gelebt hat, die nüchterne Feststellung, dass wir nichts verloren haben, weil nichts zu gewinnen war. Die stattliche, aber launische Forelle im «Lauffen» (Wasserfall) in der Birs war mit dem Solothurner Haken und Köder nicht zu fangen. Ein Hinweis für viele: Als der stattliche Finanzdirektor unseres Kantons vor einer stattlichen Versammlung in Laufen – gewissermassen unter seinesgleichen – in einem wohlgelungenen und amüsanten Vortrag unseren Kanton und die Vorteile eines Zusammenschlusses sowie den guten Willen der Solothurner dargelegt hatte, wurde er von den massgebenden Koryphäen des Laufentales beglückwünscht und in allem Anstand unterhalten. Getrost und zufrieden reiste er nach Solothurn. Keine acht Tage später war in den Zeitungen zu lesen, dass die führende politische Partei des Laufentals den Anschluss an Baselland befürworte! Politik ist eben nicht Sache der Gefühle allein, sondern des rechnenden Verstandes, wobei man erst später weiss, ob die Rechnung aufgegangen ist. Heute – nach dem 11. September 1983 – wissen wir es besser und können kluge Kommentare verfassen. An diesem «historischen» Tag haben sich die Laufentaler bei einer Stimmbeteiligung von 93 %! – schliesslich und endlich – und erfreulicherweise für uns Solothurner für den Verbleib im Kanton Bern und gegen den Auszug in eine «neue Heimat» ausgesprochen. Das eindeutige Abstimmungsergebnis ist wohl für alle eine Überraschung gewesen. Die Laufentaler sind bedächtige Leute, und sie lassen sich nicht in die Karten schauen – wenigstens diejenigen nicht, auf die es in der «Stunde der Wahrheit» ankommt. Damit hat ein langwieriges und aufwendiges Hornbergerschiessen seinen Abschluss gefunden, und die Nachbarkantone Basel-Stadt, Baselland und Solothurn können sich gegenseitig trösten und sagen: «Ausser Spesen nichts gewesen.» Die Berner Regierung hat nach der Abstimmung ein kluges und versöhnliches Communiqué erlassen. «Les jeux sont faits...!»

Ich gestatte mir noch eine persönliche Bemerkung, welche auch meine Einstellung in der ganzen Sache wiedergibt, obschon ich die «Solothurner Karte» nach bestem Können und Wissen zu spielen versucht habe: Aus langjähriger persönlicher Erfahrung war es mir klar, dass Laufentaler und Schwarzbuben gute Nachbarn sind und beste Erfahrungen in der Zusammenarbeit gemacht haben (Wasserfragen, Schulfragen). Aber die gegenseitige Hinneigung zu beiden Seiten des «Jordans» ist doch nicht derart, dass man unbedingt in das Nachbarhaus ziehen möchte, nachdem man sich im eigenen Haus ganz wohl fühlt. Übrigens haben die Laufentaler ihre Chance, welche ihnen der Kanton Bern gegeben hat, klug und geschickt genützt, was nicht nur ihr gutes Recht, sondern auch ihre wohlverstandene Pflicht war.

Otto Mollet, ein treuer Diener des Staates

Kurze Zeit nach seiner wohlverdienten Pensionierung ist er von uns gegangen. Seine Frau fand ihn eingeschlafen auf dem Sofa; nach einem kurzen Ausflug legte er sich zur Ruhe nieder, von der er nicht mehr erwacht ist. Das letzte Geleit gaben ihm Staatsweibelkollegen aus vielen Kantonen, Schwingerfreunde und alte Bekannte in grosser Zahl. Er war ein populärer Mann. Popularität ist nicht alles. Manch einer ist populär, weil er nichts tut und vor allem den Leuten nach dem Munde redet und sich hütet, klar Stellung zu beziehen. Otto Mollet war aus anderem Holze geschnitzt, unermüdlich bei seiner Arbeit. Auch beim Gehen ist er noch gesprungen. Er beherrschte seine vielseitige Aufgabe aus langer Erfahrung und wusste stets zuzupacken, wenn Not am Mann war. Er war ein regelrechter Nothelfer. Wie jeder rechte Staatsweibel – und ich habe in meiner Amtszeit keinen andern angetroffen – war Otto Mollet eine Stütze der Staatskanzlei und des jeweiligen Landammanns, kurz ein Freund der Regierung. Mit sichtbarem Stolz marschierte er im weissroten Mantel mit dem Weibelstab in der Hand vor der Regierung im Festzug daher, wohin es auch ging und wo es auch war im Lande herum. Wenn es sein musste, amtete er auch als Fahrer der Staatskarosse. Ich habe ihn manchmal am Samstagmorgen im Baudepartement angetroffen, wenn er die Post verteilte, pflichtbewusst und zuverlässig. Nach «Lucifers Fasnachts-Bilder-Zeitung» hat Landammann Urs Dietschi die Staatsweibel und Kranzschwinger Otto Mollet und Ruedi Gfeller am Eidgenössischen Schwing- und Älplerfest in Grenchen als den starken Arm der Regierung gelobt. Mit seiner liebenswürdigen Ehefrau

Landsgemeinde Innerrhoden 1969 mit Bundesrat Nello Celio. Staatsweibel Otto Mollet führt die Regierung zur Landsgemeinde in den Ring von Appenzell.

aus der Romandie war Otto Mollet im sagenumwobenen Ratskeller dienstbarer Geist des Hausherrn, des jeweiligen Staatsschreibers, und sorgte für das leibliche Wohl der Gäste. Kurz und gut, er war vielseitig, überall einzusetzen, geprägt durch seine Jugendjahre in schwerer Zeit. Er liebte seine Pflichten, aber er machte auch von seinen Rechten Gebrauch, wie es sich gehört. Er genoss sichtlich die Achtung, die ihm von Amtes wegen und wegen seiner Tüchtigkeit zukam. Er war keiner von jenen Zeitgenossen, die nichts recht, dafür aber alles besser wissen.

Er hatte manches erlebt und wusste darüber unterhaltsam zu berichten, besonders von Erlebnissen als Chauffeur verschiedener Regierungsräte. Einiges ist mir in Erinnerung geblieben: Einmal chauffierte er als Polizist in Zivil – er kam aus dem Polizeikorps – einen Regierungsmann auf der Strasse Richtung Bern. Da sah er auf der Strecke, nahe der Berner Grenze, eine ihm verdächtige Gestalt des Weges ziehen. War das nicht der kürzlich gemeldete Ausbrecher aus dem Schöngrün oder dem Untersuchungsgefängnis? Doch, er war es! Mit Erlaubnis des Fahrgastes fuhr Otto Mollet mit dem Staatswagen auf die Seite und stellte den Flüchtigen nach einem längern Spurt. Vielleicht rümpfen Sie die Nase, geneigter Leser, ob so viel Pflichteifer. Aber wir alle sind Kinder unserer Zeit, Ansichten und Auffassungen prägen uns und unser Tun (oder Nichttun). Einsatz war ihm alles; andere haben andere «Zielsetzungen», wie man heute so wunderbar sagt. Ob sie dabei zufriedener sind, mögen sie selber entscheiden. Ein anderes Mal ging es mit demselben Regierungsrat und einem Chefbeamten ins Wallis zu einer Besichtigung in eines der vielen Seitentäler. Obschon die Landkarte eifrig studiert wurde, wollte das verfluchte Reiseziel einfach nicht auftauchen. «Wenn ich auch nur Korpis war und keine Nudeln am Käppi hatte, im Militärdienst habe ich doch die Karten immer lesen können», bemerkte etwas bissig der obere Chef, worauf der Gefoppte ob diesem «Wespenstich» aussteigen wollte. Erst nach gebührender Entschuldigung und einigem Zureden konnte dieser nicht geplante Fussmarsch verhindert werden. So erzählte lachend der Fahrer Mollet.

Einen andern Regierungsrat – nämlich mich – fuhr der eifrige Otto vier Jahrzehnte später (unverschuldet) in eine durch einen lokalen Gewitterregen überschwemmte Unterführung auf der Rückfahrt von Mariastein über Laufen– Lüsseltal. Der prachtvolle schwarze Mercedes war nach kurzem Aufenthalt im Wasser «abgesoffen» und die Lage wurde kritisch. Kurz entschlossen nahm mich der starke und dienstfertige Kranzschwinger auf den Buckel und trug mich «Huckepack» an das Ende des Tunnels. Unter der staunenden Menge auf der Laufener Seite der Unterführung befand sich auch ein ständiger Korrespondent der «Solothurner Zeitung», der diese amüsante Geschichte unter dem trefflichen Titel «Der moderne Christophorus» für die Nachwelt festhielt. Hoch klingt das Lied vom braven Mann Otto Mollet.

Die Sorge um die Not der Pilze

Kantonsrat Franz Sperisen (Staad bei Grenchen) hatte in einer «Kleinen Anfrage» den Schutz der Pilze gefordert. Pilze sammeln – so führte er aus – sei in den letzten Jahrzehnten zu einem richtigen Familien- und Volkssport geworden. Ganze Familien durchstreiften an Wochenenden und freien Tagen Wald und Flur, um nach guten Speisepilzen zu suchen. Vor allem seien Steinpilze, Schirmlinge, Morcheln und Eierschwämme in Gefahr, ausgerottet zu werden. Aus dieser Erkenntnis seien Vorschriften zu erlassen, wie über die Jagd oder die Fischerei. Die Kantone Graubünden und Obwalden hätten eigene Pilzgesetze und Vorschriften erlassen (Pilzschontage, Pilzschutzgebiete, Sammelhöchstmengen pro Tag).

Zu Beginn der Narrenzeit 1975 erteilte der Landwirtschaftsdirektor auf den Vorstoss Sperisen folgende «mündliche Antwort» (Text gekürzt):

Das Wissen aus der Gemeinde

Wir haben uns im Regierungsrat ernsthaft auseinandergesetzt, wer den Vorstoss Sperisen zu beantworten habe und in die Pilze geschickt werden solle. Trotz mutiger Gegenwehr ist die Sache an mir hängengeblieben. Ich habe die Antwort aufgeteilt in einen ersten sachlichen und einen zweiten unsachlichen Teil, für welchen ich in dieser hilarischen Zeit um etwas Nachsicht bitte.

Franz Sperisen gehört das Verdienst, auf die Not der Pilze hingewiesen zu haben. Pilzsammeln ist Volkssport, leidenschaftliches Familienspiel und Ausgleichsbetätigung. Leider stürzen sich die Volksmassen dabei auf die edelsten Vertreter der Pilzfamilien, wie Schirmlinge, Morcheln, Eierschwämme und Steinpilze, aber leider auch immer wieder auf die giftigen Knollenblätterarten, und lassen andere schmackhafte Esspilze stehen. «Was der Mensch nicht kennt, isst er auch nicht» gilt auch hier – mit Ausnahme der Knollenblätterarten, die fortlaufend ihr jährliches Soll an tödlichen Vergiftungen getreulich erfüllen. Die von Franz Sperisen vorgeschlagenen Massnahmen sind zu erwägen. Schontage, Sammelbeschränkungen, Höchstmengen, Sammelsperrgebiete (oder nach dem Erfinder «Sammel-Sperisen-Gebiete») auf gesetzlicher Grundlage sind denkbar; ihr Nutzen ist aber beschränkt. In dieses Wissen bin auch ich als kleiner Knabe eingeführt worden, damals, in Dornach, durch den Gemeindebamert, den Jules Ditzler (oder Schugg, wie man ihn nannte). Dieser wusste allen Pilzen einen Namen zu geben nach Dichtung und Wahrheit, einsammeln liess er vorsichtshalber jedoch nur ein halbes Dutzend: Steinpilz, Ziegenbart, Reizker, Semmelstoppel, Eierschwamm und den weissen Champignon, den er kurzwegs als «Champion» bezeichnete. Jules Ditzler war mehr – wie mein Vater – auf die Liebhaberarchäologie und speziell auf die alten Römer spezialisiert – Kantonsrat Werner Annaheim wird mir das bestätigen können –, die er in seiner Phantasie überall in versteinerter Form antraf – hier eine Büste, dort ein versteinerter Kopf oder versteinerter Schuh eines Römers –, was natürlich zum Pilzsammeln nicht von entscheidendem Vorteil war. Mehr profitierte ich später auf der Pilzsuche in Breitenbach mit Lehrer Hans Schnider, der etwa 60 essbare Sorten kannte und im Wald gegen das Kaltbrunnental ganze Mengen sammelte, reinigte und meiner Frau verehrte zum Kochen; ich habe diese Pilze nie auf dem Tische gesehen und lebe darum heute noch!

Schnecken und Pilze – hier im Gartenzwergstil dargestellt – waren Gegenstand bemerkenswert «tiefsinniger» Betrachtungen des Landwirtschaftsdirektors bei der Beantwortung zweier Vorstösse im Kantonsrat.

Wissen aus dem Pilzbuch

Wissen ist Macht. Darum habe ich das grosse Pilzbuch von Julius Peter konsultiert, das den Segen der amtlichen Pilzkontrolle unterstreicht und das Lob der Speisepilze und Pilzgerichte in höchsten Tönen singt. Pilzsuppen, Pilzpfeffer, Pilzkoteletts, sterilisierte, gedörrte, eingemachte Pilze erfreuen Gaumen, Bauch und Herz. Aber neben den Esspilzen und den mehr oder weniger geniessbaren Formen lauern die giftigen, gefährlichen, tödlichen! Finger davon und hinein ins Studium der Röhrlinge, Schmierlinge, Ritterlinge, Wulstlinge, Täublinge und Trichterlinge und wie sie alle heissen, die in Hunderten von Arten in Wald und Feld herumstehen und sonderbare Käuze sind, was ihre Namen betrifft, die ihnen ihr eigenartiges Aussehen und die Phantasie der Pilzkundigen gegeben haben. Das grosse Pilzbuch von Julius Peter nennt Hunderte von Arten und zeigt 375 Abbildungen von essbaren, bedingt essbaren, ungeniessbaren und giftigen Pilzgewächsen. Hier einige Leseproben anstelle der Kostprobe in der heutigen Zeit des Sparens. Es folgen die Ungeniessbaren: Feuriger Helmling, Gebrechlicher Rötling (nach dem Pilzuch: Wert unbekannt), Geselliger Glöckchennabelring und Schönhorn.

Hütet Euch ...

Hütet Euch aber, werte Damen und Herren, «Heide, Christe und Katholike», Genossen und Geniesser, vor den Giftigen, wie Fliegenpilz, Gallenröhrling, Purpurröhrling, Satanspilz, Leuchtender Ölbaumpilz, Riesenrotling, Speitäubling, Grünblättriger Schwefelkopf und Knollenblätterpilze.

Bemerkenswert sind folgende Pilze, deren Beschreibung tatsächlich wörtlich Peters grossem Pilzbuch entnommen ist. Deshalb ist die Ähnlichkeit mit irgendwelchen Menschen, Organisationen oder Parteien und so weiter rein zufällig und symbolisch zu verstehen.

Orangefarbiger Rauhfuss: Essbar. Grosser Röhrepilz mit orangegelbem Hut, hartem Stiel, der dicht mit schwärzlichen Schüppchen bedeckt ist. Wohlschmeckend, wird beim Kochen schwärzlich. Kann verwechselt werden mit der Rotkappe mit braunen Schuppen.

Purpurröhrling: Hut umbragraubraun mit purpurroten Farbtönen. Röhren erst blassgelb. Später wechselnd. Poren erst blass zitronengelb, bald leuchtend karmin- bis blutrot. Fleisch jung lebhaft zitronengelb, unter der Huthaut oft mit rötlicher Zone durchgefärbt. Giftig, schwere Verdauungsstörungen hervorrufend. Verwechslung mit dem Satanspilz.

Riesenlorchel: Olivgelb, mit lappig-faltigem, häutigem, unregelmässigem, hohlem Hut (oder Kopf). Wert: abgebrüht oder getrocknet essbar. Frisch oder nicht abgebrüht, Vergiftungserscheinungen. Nie zweimal hintereinander Mahlzeiten mit Lorcheln essen.

Stinkmorchel: Jung essbar, geruchlos, dann nach der Entfaltung durchdringend nach Aas riechend.

Aschgrauer Wirrling: Ungeniessbar. Körper zottig-striegelig-haarig, Fleisch faserig zäh, durch eine braunschwarze Linie von der Hutbekleidung getrennt.

Frappante Ähnlichkeiten

Die Ähnlichkeit dieser vielfältigen Feld-, Wald- und Wiesenbewohner mit bekannten menschlichen und gesellschaftlichen Typen und Verhaltensweisen und so weiter ist teilweise frappant. Ein Unterschied ist jedoch freilich nicht zu übersehen. Diese sympathische Wurzelgemeinschaft steht still und aufrecht oder in sich gebückt auf dem gemeinsamen Wurzelstock, Rizom genannt. Durch ihr stilles Verharren und ihre Ergebenheit in ihre Statistenrolle unterscheiden sie sich von dem rastlosen Menschengeschlecht, das ihr, nach Franz Sperisen, in rauhen Mengen mit keuchendem Eifer nachstellt und sie zum Gemüse erklärt. Und damit wären wir wiederum im Ratsaal, nämlich bei der Kleinen Anfrage.

Auch hier innen finden wir – allegorisch und symbolisch gesehen –, inklusive Regierungsbank, Geniessbare, Ungeniessbare und Giftige, meistens jedoch Wohlschmeckende – je nachdem. Sie gleichen den Lorcheln, von denen im Pilzbuch die Rede ist, und sind nicht zu verwechseln mit den harmlosen, hochwertigen und allgemein geschätzten Morcheln: Man soll sie mit Vorsicht geniessen und niemals massiv, vor allem nicht zweimal hintereinander wegen der schwerwiegenden Folgen und des zu erwartenden Bauchgrimmens. Alles in allem: Sie verdienen es, unter Naturschutz gestellt zu werden – ich meine die Pilze!

Ein Schach der Jagd
auf die nützlichen Hüslischnecken

In einer Kleinen Anfrage legte Kantonsrat Gottlieb Henzmann, Lostorf, geistreich und witzig die wichtige Rolle der Hüslischnecken für das Gleichgewicht in der Natur dar, die als eigentliche Rasenpolizei wirkten, da sie die Eier ihrer schlüpfrigen «unbehausten» Artgenossen – der Rasenschnecken und auch der Kellerschnecken – auffrässen. Die Weinbergschnecken hätten ein besseres Los verdient, als in der Pfanne zu schmoren und in den Mägen der fresslustigen geniesserischen Menschheit zu verschwinden . Ob es die Regierung deshalb nicht für angebracht fände, für raschen Schutz und Abhilfe der Gefahr einzutreten? Der zuständige Departements-Vorsteher erteilte folgende mündliche Antwort.

Lanze für die Schleicher

Gottlieb Henzmann bricht in ihr eine Lanze in schalkhaft bewegten Worten zum Schutze der Weinbergschnecke. Er rühmt seinen gehörnten Schützlingen zu Recht nach, dass sie als «Rasenpolizei» keine nützlichen Kräuter aufzehrten, sondern sich mit Vorliebe an die Eier und die Brut der nimmersatten und daher unbeliebten roten Wegschnecken und der noch gemüsegefrässigeren schwarz-gelb-grau geflecken Ackerschnecken, nach dem Tierbuch Agriolimax agrestis genannt, hielten, und dass sie deshalb für das Gleichgewicht in der Natur wichtig seien. Das Zunehmen der schädlichen und dazu noch hässlichen Nacktschnecken sei zum Teil auf den Rückgang der nützlichen und schon dem Namen nach sympathischen Weinbergschnecken zurückzuführen.

Qual der Departements-Wahl

Der Regierungsrat, das heisst in diesem Falle ich, äussere mich dazu in folgender Weise: Gottlieb Henzmann kommt mit seinem Vorstoss zugunsten der Weinbergschnecken etwas zu spät, gewissermassen mit der Schneckenpost, denn die Ereignisse haben sich überstürzt. Die Jäger pirschen schon lange, besonders vom Elsass aus, gewissermassen vom Atlantik zum Ural hinter den Schnecken her und haben ihnen ähnlich arg zugesetzt wie weiland Buffalo Bill und Gefährten dem Bison in den Steppen des amerikanischen Westens. Dies ist ausserordentlich bedauerlich, und wir begreifen das Anliegen von Gottlieb Henzmann, der im Jagdrevier Lostorf immer ein mustergültiger Teilnehmer an Pirsch- und Treibjagden mit hohen weidmännischen Idealen war, dass er derartige, das Wild ausrottende «Oser» und «Doppeloser» nicht billigen kann. Deshalb sein Vorstoss für Bewilligung oder Verbot der Schneckenjagd, die ja – da sie nicht mit Fallen und Schusswaffen betrieben wird – keine Jägerprüfung voraussetzt, weshalb das Finanz-Departement nicht als zuständig gelten kann. Bei der Zuteilung des Geschäftes im Regierungsrat, die viel Kopfzerbrechen verursachte, fiel das Polizei-Departement ausser Betracht, weil Landammann Franz Josef Jeger sich heftig wehrte, trotz des eindeutigen Ausdrucks «Rasenpolizei» im Vorstoss Henzmann, sich mit diesem Korps herumzuschlagen und erklärte, diese Schleicher fielen nicht unter das Strassenverkehrsgesetz. Er lege eher Gewicht auf mehr Strassenpolizei als auf Rasenpolizei. Das Armen-

Departement, das bekanntlich möglichst rasch in Fürsorge-Departement umzubenennen wäre, fiel ebenfalls ausser Betracht, weil es im Vorstoss Henzmann um die Hausbesitzer und nicht um die Obdachlosen der Schnek-ken, die Nacktschnecken geht. So kam schon eher das Bau-Departement in Frage, das sich bekanntlich mit Hauseigentümern befasst, aber nur dann, wenn sie bauen, und nicht, wenn sie aufgezehrt werden. Für Kannibalismus ist in unserem Staat kein Departement formell zuständig. Dieser Fall ist in der Verfassung nicht ausdrücklich geregelt. So blieb die engere Wahl die Erzie-hung, weil sich diese mit dem Naturschutz beschäftigt, oder das Landwirt-schafts-Departement, weil Gottlieb Henzmann den Salat nennt, den die hausbesitzende Rasenpolizei, im Gegensatz zu den hablosen Kollegen, nicht verzehrt. Und wegen des Salates – es handelt sich eindeutig um den grünen Salat – wurde denn auch das Landwirtschafts-Departement beauftragt, das Erforderliche vorzukehren. Wir wollten zuerst den Kleinen-Anfrage-Steller und Gleichgesinnten einladen, uns Vorschläge zu unterbreiten, um einen gemeinsamen Schutzplan auszuarbeiten, bevor eine Bewegung zorniger Män-ner zur Initiative schreitet. Vielleicht hätte auch die Geschäftsprüfungskom-mission, die stets tätige und hilfsbereite, ebenfalls Hand zu Augenschein und Mithilfe geboten. Wir haben uns indessen eines anderen besonnen und beschlossen, mit sofortiger Wirkung die Weinbergschnecke durch eine Verord-nung unter Naturschutz zu stellen und in unserem Kanton zwar nicht das Verzehren, wohl aber das Einsammeln und Vernichten dieser schützenswerten Tiere zu untersagen, womit die Polizei das letzte Wort in dieser Sache hat. Seinen Erfolg wird Kantonsrat Henzmann im nächsten Amtsblatt schwarz auf weiss nachlesen können.

Autobahnbau – Lehren aus Amerika

Der Bau eines Autobahnnetzes lässt sich in gewissem Sinne vergleichen mit einem schwimmenden Eisberg im Polarmeer, bei dem nur die Spitze sichtbar ist. Unsichtbar ist der weitaus grösste Teil, die Vorbereitung, die mühsame Vorarbeit im technischen, administrativen und nicht zuletzt im politischen Bereich. Augenfällig ist die Bauphase, die nach einem umständlichen Bewilligungsverfahren beginnt, wenn die Kredite zur Verfügung stehen. Sie dauert vom Spatenstich bis zur Einweihung. Hierauf beginnt der Fahrbetrieb auf den nach der Statistik sichersten Strassen, wiewohl das Fahren bisweilen ein Ritt auf einem Tiger sein kann, wenn die Ritter oder Raubritter des motorisierten Zeitalters mit gut 150 «Sachen» heranbrausen, von hintenher aufrollen und in Dunst und Gestank so unheimlich rasch verschwinden, wie sie gekommen sind. Der schweizerische Autobahnbau, der in einer guten und sinnvollen Aufgabenteilung zwischen Bund und Kantonen vonstatten ging, hat sich Zeit gelassen, wenn man das Bautempo im Norden und im Süden unserer Landesgrenzen zum Vergleich heranzieht. Man brauchte und liess sich Zeit – und hat dabei nichts verloren; im Gegenteil. Anfangs der sechziger Jahre besuchte der Schweizerische Autostrassenverein auf einer Studienreise die Autobahn «Hafraba» Hamburg–Frankfurt–Basel–(Mailand) und fuhr in Deutschlands Norden auf richtigen Autobahnen in einer Zeit, wo in der Schweiz kaum Schnellstrassen im Betrieb standen, welche länger als breit waren. Dafür hat man Fehler der andern vermieden und mit helvetischer Gründlichkeit Autobahnen geschaffen, die im grossen und ganzen mustergültig sind, einzelne Fehlleistungen ausgenommen. Man lernt bekanntlich am meisten aus eigenen Fehlern, die man eingesehen hat. Im Jahre 1962 besuchten die kantonalen Baudirektoren auf Kosten des Nationalstrassenbaus die USA, um über die Highways zu fahren und im Lande der (damals noch) unbegrenzten Möglichkeiten zu sehen, wie so ein Autobahnbau vor sich geht. Ich hatte als Neuling in der Regierung einige Hemmungen mitzugehen, weil ich naturgemäss noch nichts auf diesem neuen Sachgebiet geleistet hatte. «Aber – Herr Kollege –» belehrte mich wohlwollend der damalige Finanzdirektor – «zuerst müssen sie doch die Sache studieren und sich durch Reisen bilden, bevor es an die Arbeit geht.» Recht hatte er; so flog ich denn frohgemut und erwartungsvoll nach Amerika, um zu lernen, was man in 17 Tagen erfassen konnte. Was wir sahen, war in der Tat imponierend. Vielspurige Autobahnen, auf denen sich hochpferdige Amerikanerwagen – stählerne Strassenkreuzer – stundenlang gelassen und ruhig mit höchstens 110 km in der Stunde vorwärts bewegten. Eindrucksvoll auch die gewaltigen Brücken und Tunnels, welche breite Flüsse oder Meerengen überwanden und zum Teil von eigenen öffentlichrechtlichen oder privaten Zweckverbänden («Authorities») erstellt und unterhalten wurden und ihre Ausgaben durch Gebühren der Benützer bestritten.

«Hängende» Probleme

In Chicago erklärte uns der zuständige Mann des Bundesstaates Michigan, der Landerwerb für Autobahnen sei bei ihnen kein Problem. Zuerst werde verhandelt, dann gebaut und hierauf bezahlt, was recht und billig sei. Andernfalls könne der unzufriedene Grundeigentümer sich an den Richter

Das Gäu als Teil Europas: Egerkingen auf dem gleichen Plakat wie Karlsruhe.
(Foto: Alois Winiger)

halten; gebaut aber werde ohne Verzug. Wenn einer der Besucher aus der Schweiz beim Landerwerb Schwierigkeiten haben sollte, möge er sich an ihn wenden. Auf Wunsch werde er über den grossen Teich zu Hilfe eilen und die Sache «okay» machen. – Im Grunde war es bei uns nicht viel anders. – Im Staate Kalifornien erzählte uns ein Beamter aus dem Alltag des Strassenbaus im goldenen Westen. Einmal habe es nicht geklappt mit einer Flussüberquerung; darauf habe man die Hängebrücke wieder abgebrochen und den verantwortlichen Techniker und Consorten zum Teufel gejagt... Eine klare und eindeutige Lösung hängender Probleme! Wir zweifelten freilich, ob sich dieses Vorgehen so leicht auf unsere biedern und hausbackenen Schweizer Verhältnisse übertragen lasse.

Die Linienwahl im Gäu

Im Kanton Solothurn standen die Teilstrecken der West-Ost-Autobahn Bern–Zürich (N1) und die der Nord-Süd-Verbindung (N2) im Vordergrund. Die langjährigen Diskussionen über alle möglichen Varianten nahmen Gestalt an bei der generellen Festlegung des Nationalstrassennetzes durch den Bund 1960. Es standen auch bei uns naturgemäss verschiedene Linienführungen in Frage. Es wurde zum Beispiel bei der West-Ost-Verbindung die Meinung vertreten, diese Verkehrsachse vom Dünnerngäu fernzuhalten und anstatt Richtung Oensingen–Boningen mehr südwärts Richtung Wolfwil zu fahren und dort die Aare zu queren, um die guten landwirtschaftlichen Böden zu erhalten. Allein diesem Wunsche der «offiziellen» Landwirtschaft erwuchs vor

45

allem Widerstand aus Forstkreisen, die sich vor den durch ein altes bewährtes Bundesgesetz vorzüglich geschützten Wald stellten und Halt geboten. So kam und blieb es bei der ursprünglich geplanten Autobahn durch das Gäu. Es liegt auf der Hand, dass eine Autobahn nicht nur Vorteile bringt; ins Gewicht fallende Nachteile sind nicht zu bestreiten. Das Für und das Wider dieser umstrittenen Fragen lässt sich wohl am besten beantworten durch die Gegenfrage: Was würden wir tun und wo würden wir stehen ohne die Autobahn? Die Antwort: «Wieder zu Fuss gehen oder Velofahren» ist weder angemessen noch ernsthaft, solange diese Ideen nicht von den Verfechtern selber bedingungslos befolgt werden. Das ist heute meine Meinung, allein wie manchmal hat jeder vernünftige Mensch im Laufe seines Lebens seine Meinung ändern müssen, wenn die Voraussetzungen und die berühmten «Rahmenbedingungen» nicht mehr dieselben waren?

Schnee da, Regen dort

«Das sind die Weisen, die vom Irrtum zur Wahrheit verreisen – und die im Irrtum beharren, das sind die Narren», sagt der kluge Mann. Vorläufig müssen und – dürfen?? – wir mit der Technik leben, wir kommen aber auf die Länge nicht darum, sie wieder in die Schranken zu weisen. Insofern haben die «Grünen» recht, insofern wollen wir alle grün sein, vornehmlich weil wir müssen.
Schon im ersten Winter versank der Solothurner Autobahnabschnitt unter Schneemassen, welche der Unterhaltsdienst nicht rechtzeitig wegschaffen konnte. Was im Bernbiet und im Aargau als Regen zu Boden fiel, ging im Einzugsgebiet der hohen naheliegenden Jurakette als tiefe Schneedecke zu Boden. Damit waren die langjährigen Beobachtungen der Wetterfrösche bestätigt. Bald aber hatte der Unterhaltsdienst des Stützpunktes Oensingen seine Strecke im «Griff».

Landerwerb

Der Landerwerb für die Autobahnen und Zufahrtsstrassen ist in unserem Kanton von meinem Vorgänger Otto Stampfli frühzeitig und erfolgreich in Angriff genommen worden. Mit der Vorbereitung des Landerwerbs wurde ein geeigneter Mitarbeiter beauftragt, der seine Aufgabe nach seinem Übertritt in die Privatwirtschaft getreulich weiterführte. Es wurde im Einzugsgebiet der künftigen Autobahn soviel Land als möglich gekauft, nicht zu billig und nicht zu teuer; auf jeden Fall ist unsere Landerwerbspraxis für die Autobahnen von der zuständigen Bundesbehörde wiederholt als gutes Beispiel einer treuen Sachwalterschaft gewürdigt worden. Das eigentliche Strassentrassee wurde im vorgesehenen üblichen Zusammenlegungsverfahren zur Verfügung gestellt. So konnte die Einweisung in den Besitz erfolgen und der Strassenbau beginnen. Weitsichtige Gemeinden – und es waren die meisten – benützten die gute Gelegenheit, um eine sinnvolle Ortsplanung durchzuführen. Die mühsame und nervenaufreibende Arbeit, welche mutige und aufgeschlossene Behörden auf sich nahmen, lohnte sich reichlich für die Gemeinden. Es wurden in angemessener Weise Flächen für die verschiedenen Nutzungszwecke des Bodens ausgeschieden und die Grundlage für die Erschliessung geschaffen. Es ist hier nicht der Ort, um über die allgemeinen Vor- und Nachteile des Fortschritts und des Wachstums zu philosophieren.

Flugfeld Kestenholz

Weil Beispiele hinreissen und am besten veranschaulichen, sei auf ein typisches folgenschweres Beispiel einer verpassten Gelegenheit hingewiesen, durch eine vernünftige Raumplanung Schaden und Nachteile von einer Region abzuwenden. Es handelt sich um das «Unternehmen Flugplatz Kestenholz». Welcher Leerlauf, welcher Ärger hätte vermieden werden können, wenn jene, die das «Sagen» hatten, tatsächlich gehandelt hätten, und zwar zur rechten Zeit. Möglicherweise wollte man sich die Mühen und den unvermeidlichen Dorfstreit ersparen, der nun einmal mit jeder Raumplanungsmassnahme von Bedeutung untrennbar verbunden ist, weil Grundeigentümer auch nur Menschen sind. Man hatte dabei die Rechnung aber ohne den Wirt gemacht, der in diesem Fall Aero-Club Olten hiess. Wer konnte es diesen begeisterten Amateurfliegern übel nehmen, dass ihnen, die das Oltner Gheid über kurz oder lang verlassen mussten, das Gebiet um Kestenholz als das gelobte Land erschien und dass sie in gekonnter und geschickter Art zugriffen. Heimlich, still und leise und dennoch loyal und legal kamen sie zu der erforderlichen Landfläche für einen Flugplatz im schönen Gäu. Nun erhob sich aber der Volkszorn und in der Folge wickelte sich eine Übung ab, die ungefähr nach dem Exerzierbefehl «Rinn in die Kartoffeln – Raus aus die Kartoffeln» verlief. Dem Vormarsch folgte der Rückmarsch und diesem der Kontermarsch. Kurz und gut, der Regierungsrat – keineswegs erbaut ob dieser Komödie der Irrungen – und im Bewusstsein, dass alles, was er tat, kritisiert wurde, setzte dem Spiel ein Ende durch einen harten, aber der Bedeutung der Sache angemessenen Entscheid. Dieser Beschluss stellte klare Verhältnisse her, wenn auch in einer Bundesgerichtsverhandlung ein Richter von einer «Zweihändermethode» sprach. Das Geschäft tauchte kürzlich wieder auf in der Wintersession der eidgenössischen Räte als Kreditbeschluss für einen Landkauf im fraglichen Areal. Die einen fanden den festgelegten Kaufpreis für Kulturland von 12 Franken per Quadratmeter als skandalös hoch, andere Räte wiederum empfanden ihn als halb geschenkt. Wir glauben, dass der Bund mit dem Kauf richtig gehandelt hat und hoffen dabei, dass er bei der Verwendung dieses Realersatzlandes klug und weise vorgeht, damit nicht in der schönen Ebene des Gäus ein grösserer oder mittlerer Flächenbrand entsteht durch erneute Erhitzung der Gemüter. Alles das hätte vermieden werden können, wenn zur rechten Zeit mit dem landesüblichen Weitblick eine zwar nicht problemlose, aber das Problem lösende Güterzusammenlegung unter amtlicher Mithilfe beschlossen und durchgeführt worden wäre.

Das «190-Millionen-Werk» am Bölchen[1]

Die Linienführung der Nord-Süd-Achse des Autobahnnetzes durch den Jura war naturgemäss in den Kantonen der Nordwestschweiz Gegenstand langwieriger Abklärungen. Es wurden bisweilen heftige Auseinandersetzungen ausgetragen. Wie in der Abwasserfrage liess sich Basel-Stadt auch bei der Autobahnfrage zuerst einmal Zeit. Baselland entschied sich nach temperamentvollen und leidenschaftlichen Debatten im Landrat für die Arisdörfer-Variante, um die Hauptstadt Liestal von einer Autobahnschneise zu verschonen. Die Zufahrt zum Bölchen brachte hier die üblichen Interessenabklärungen. Unerwartete Schwierigkeiten sollten in der letzten Phase des Strassenbaus auftreten, als ganz überraschend der «Erdbeerihang» bei Eptingen in der Nähe des Tunnels ins Rutschen kam und als sozusagen in letzter Minute vor der vorgesehenen Inbetriebnahme der Nationalstrasse N2 eine neue örtlich begrenzte Strassenführung wegen der Geologie gesucht werden musste. Auch eine andere Baufirma musste für den etwas nördlich gelegenen Vortunnel gesucht werden, nachdem die zuerst betraute Bauunternehmung Pleite gegangen war.

Autobahnwunsch in Balsthal

Von den fünf in Aussicht genommenen Durchstichen durch den Jura in der Nord-Süd-Richtung lag die von der Eidgenössischen Planungskommission empfohlene und vom Bund beschlossene Bölchenrampe ungefähr in der Mitte. Im Kanton Solothurn erwuchs ihr, freilich verspätet, einige Opposition aus dem Raume Balsthal. Im Jahre 1960 bildete sich dort eine «Arbeitsgruppe», welche einer Linienführung durch das Gebiet Mümliswil–Reigoldswil BL das Wort redete. Diese Variante nahm das seinerzeitige Projekt der aufgegebenen Wasserfallenbahn wieder auf; es wurde mit einiger Leidenschaft in wiederholten Eingaben und an einer stark besuchten Sitzung in Balsthal vertreten.
Jene Bahnverbindung sei – argumentierte man – gewissen Intrigen des untern Kantonsteils zum Opfer gefallen; der Kanton habe die Pflicht, dem Thaler Hauptort durch diese Führung der N2 nachträglich Genugtuung und Ersatz zu verschaffen. Heute wird jedermann feststellen, dass Balsthal und das ganze Thal in vorzüglicher Weise durch den Anschluss Oensingen an das Autobahnnetz angeschlossen sind, ohne dass die Nachteile der Immissionen des Autobahnbetriebes die Ortschaft belasten.

Die geologischen Prognosen

Der Bölchentunnel mit einer Länge von 3,2 km, woran die Kantone Basel-Landschaft und Solothurn mit je ungefähr der Hälfte beteiligt sind, war nach den ältern Hauensteintunneln der Bundesbahnen der erste bedeutende Juradurchstich. Hier zeigte sich die Schwierigkeit des Juragesteins, das sich einer zuverlässigen geologischen Beurteilung entzog, trotz eines vorerst vorgetriebenen Stichtunnels, der später ins Tunnelgewölbe einbezogen wurde. Zwar folgten sich die Schichten genau, wie es der Stichtunnel anzeige. Der Bauvorgang brachte unerwartete und kostspielige Überraschungen. Ein hart-

---

[1] Der Bölchentunnel kostete insgesamt 140 Mio. Franken und die solothurnische Südrampe rund 47 Mio. Der Bundesbeitrag für unsern Kanton lag bei 84 %.

48

näckiger und andauernder Wassereinbruch im zerklüfteten Juragestein brachte die Gipskeuperschichten zum Anschwellen, so dass der gewaltige Bergdruck das Tunnelgewölbe sozusagen nach Belieben eindrückte, ohne sich um geologische Prognosen alter Bergbaufüchse und um Kostenvoranschläge und Verträge zu bekümmern. Schwierigkeiten brachten auch die durch den Wechsel der Ausbau- und Vortriebsmethode bedingten Nachforderungen der Tunnelbaufirma. Trotz vertraglich einwandfreier Absicherung der Bauherrschaft, sprach das vertraglich eingesetzte mit juristischen und technischen Leuchten bestückte Schiedsgericht der Baufirma einen rund der Hälfte der Nachforderung entsprechenden Millionenbetrag zu, nach dem Grundsatz der Billigkeit, dass nämlich die öffentliche Hand die tatsächlich erbrachten Leistungen zu bezahlen habe – Vertragstext hin, Vertragstext her. Es wurde festgehalten, dass die Baukosten am Bölchen im Vergleich mit ähnlichen Strassentunneln immer noch recht günstig seien. Eine Begründung, die mehr Trost spendete, als unbedingt juristisch überzeugte. Die Rechtsvertreter der Kantone und des Bundes, welche die ellenhohen Aktenberge bearbeiteten, bekannten, hier den «Prozess ihres Lebens» geführt zu haben. Ich kann nie durch den Bölchentunnel fahren, ohne an die jahrelangen Arbeiten und Bemühungen zu denken, welche dieses – alles in allem – wohlgelungene «140-Millionen-Werk» den Beteiligten verursacht hat. Mühen vorab auch für die «unbekannten Soldaten dieser Arbeit an der Front des Tunnelbaus». Drei Bergleute – wen wundert es, drei Ausländer – sind dem Werk zum Opfer gefallen. Einer stürzte über 100 Meter tief durch einen Lüftungsschacht zu Tode, und zwei kamen an der Tunnelbrust beim Bauvortrieb ums Leben. Gewaltige Spezialfahrzeuge förderten die riesigen Steinmassen zutage und ebneten mit ohrenbetäubendem Lärm in langer Arbeit das Gelände ein.

Die Bölchenrampe der N2 im Gebiet der Gemeinde Hägendorf. Rechts die Tunneleinfahrt.
(Foto: Comet)

200 000 000jährige Pflanze

Der südliche Einschnitt vor dem Tunnel wurde nach einer neuen Arbeitsmethode in einem einzigen Sprengvorgang für den Felsabbau gelockert. Hunderte kleiner Sprengladungen kamen gleichzeitig zur Explosion, wodurch die Wucht der Sprengwirkungen «dosiert» und in Grenzen gehalten wurde. Diese Arbeitsweise dürfte in der heutigen Zeit der stürmischen technischen Entwicklung verfeinert oder vielleicht gar nicht mehr ganz auf der Höhe der Zeit sein. Ich kann dies nicht beurteilen. Was heisst überhaupt der Wandel der Zeit? Diese Antwort möchte ich hier am Bölchen geben mit dem Begleittext, den der Geologe des Tunnelbaus mir mit einer Versteinerung aus dem Berginnern verehrte. Der Text lautet: «Diese Farnpflanze wuchs rund 200 Millionen Jahre vor Ankunft des Menschen (Homo sapiens) in einem Sumpf im Mündungsgebiet eines grossen, aus dem Nordosten kommenden Stromes. Gefunden wurde sie anlässlich einer von der Obrigkeit erlaubten und vom Steuerzahler berappten Grüblerei, genannt Bölchentunnel, und zwar 1595 Meter ab Nordpoartal, in einem Gestein, das Schilfsandstein des Keupers genannt wird. Der Standort der Pflanze lag ursprünglich neun Kilometer weiter südlich, also im Gebiet des Kantons Solothurn, wurde aber durch die Gebirgsbildung unter der Kantonsgrenze hindurch ins schöne Baselbiet verschoben. Die Schiebung wurde vor 70 Jahren entdeckt, kann aber infolge millionenfacher Verjährung nicht mehr geahndet oder gar rückgängig gemacht werden.»

Dreissig Varianten geprüft

Für die Südrampe des Bölchen hatten in der Zwischenzeit die Techniker unseres kleinen Autobahnbüros, das als Unterabteilung des Kantonalen Tiefbauamtes die Nationalstrassenstrecke begleitete und überwachte, etwa 30 Varianten und Untervarianten untersucht und beurteilt. Die Linienführung, die durch Fixpunkte festgelegt war, ist sicherlich befriedigend ausgefallen.

Nahezu ein Dutzend – teils bereits aufgegebene – Bauernbetriebe sind durch den Strassenbau mehr oder weniger stark betroffen worden. Einige mussten ausgesiedelt oder vollständig umgesiedelt werden. Das ging nicht ohne viel Geduld mit den Grundeigentümern, ausnahmsweise auch nicht ohne Enteignung, wo die sich hinschleppenden Verhandlungen in der Sackgasse endeten. In einem Falle verschwand beim Auftauchen des staatlichen Landerwerbsbeauftragten eines der drei ledigen älteren Geschwister im nahen Walde. Nach dem Abzug des Mannes aus Solothurn kam es heim und erklärte die ausgehandelten Abmachungen für es als null und nichtig. Endlich klappte es durch eine endgültige Absprache des Baudirektors mit dem vierten oder fünften Vertrauensmann des Geschwistertrios. Heute ist über alle diese Dinge Gras gewachsen und mit wenigen Ausnahmen die übliche mittlere Unzufriedenheit eingekehrt, die in unsern Landen einen guten Kompromiss auszeichnet.

Längst rollt der nicht abreissende Verkehrsstrom auf der kühn geschwungenen Brücke über die Hägendörfer Teufelsschlucht bergwärts und talwärts. Diese Teufelsbrücke ist aus einem Projektwettbewerb hervorgegangen. Einer der beteiligten Fachrichter, ein erfahrener Professor, war bekannt als Liebhaber der modern geführten Balkenbrücke. Die Folge war, dass die meisten Wettbewerbsprojekte eben eine Balkenbrücke vorsahen. «Doch auch hier wie überhaupt, kam es anders, als man glaubt», sagt Wilhelm Busch. Das Preisgericht kam nämlich einstimmig zur Ansicht, in dieser herrlichen Landschaft sei eine schöngeschwungene «altmodische» Bogenbrücke am Platze; und so geschah es auch.

«Ombudsfrauen und -männer» steigen in die Hosen

Übrigens zeigte sich beim Bölchentunnel etwas Erfreuliches. Der Tunnelbau und seine Folgen brachten im Solothurner Kantonsrat Vorstösse, in denen interpelliert, postuliert und angefragt wurde. Gegenstand der Wissbegierde der Kantonsräte waren
1. die Arbeitsvergebung,
2. die Hebungen und Veränderungen im Tunnelgewölbe,
3. die Gründe und die Höhe der Nachforderungen der Bauunternehmungen,
4. die schlechte Luft in den Tunnelröhren bei Gegenverkehr.
Sie sind aktiv, unsere Kantonsräte und Kantonsrätinnen! Sie lassen sich das öffentliche Wohl am Herzen liegen. Interessant und amüsant ist dabei, dass der Basellandschaftliche Landrat zu all diesen gleichliegenden Problemen kein einziges Wort verloren hat.
Die Kantonsratsmitglieder aller Farben und beiderlei Geschlechts sind wahre Ombudsmänner, nur dass sie im Gegensatz zum staatlich installierten und wohlbestellten Ombudsmann, der in gescheiten Papieren in hochgemuten Köpfen und begehrlichen Herzen herumgeistert, keine nennenswerten Mehrkosten verursachen und nicht das fünfte Rad am Allradantriebswagen unseres Staatswesens sind.

Die Immissionen der Autobahnen

Beim Autobahnbau musste unser Kanton – wie andere Kantone an der West-Ost-Verbindung des Autobahnnetzes – als «Vorreiter» über die Strecke. Man hatte dabei Erfahrungen zu machen, gute und schlechte. Daraus konnte man Lehren ziehen für sich und für andere, die später an die Reihe kamen. Ein Schulbeispiel dieser Art in der Nordwestschweiz ist die unterschiedliche Lösung des Lärmproblems auf der zuerst erstellten N1 und auf der einige Jahre später gebauten Nord-Süd-Verbindung Basel–Luzern (N2) im Kanton Basel-Landschaft.
Beim Bau unserer Teilstücke der N1 im Wasseramt und im Gäu wurde grosses Gewicht gelegt auf einen wirtschaftlich günstigen Ausgleich des Aushubmaterials. Es wurde möglichst genau festgelegt, wie das überflüssige Erdmaterial zu verwenden und aufzuschütten sei. Ein entsprechender Transportplan wurde aufgestellt und durchgezogen. Die Autobahn wurde so nach Möglichkeit ins ebene Gelände gelegt, Aufschüttungen und Wälle wurden vermieden. Die unerwartete Folge waren beachtliche Einwirkungen auf die Umgebung. Nach der Inbetriebnahme klagte man bald einmal über lästige Immissionen, bisweilen natürlich auch mit Übertreibung, was verzeihlich und verständlich ist. Belästigungen können auch psychischer Art sein. Der Lärm längs der «Rollbahn» erreichte in der Tat ein Ausmass, welches man sowenig vorausgesehen hatte wie die Auswirkungen von Abgasen. Eine erhebliche Rolle spielt

sicher auch der Umstand, dass die Schweiz ausserhalb des Alpenraumes verhältnismässig eng besiedelt ist. Bei der später gebauten Autobahnstrecke im Baselbiet legte man nach den Erfahrungen mit der N1 die Strasse besser ins Gelände und liess Lärmschutzeinrichtungen in grosszügiger Weise auf Kosten des Autobahnbaus zu. Das war im Kanton Solothurn noch nicht der Fall gewesen. Hier wurden die geltend gemachten Immissionsschäden im massgebenden Enteignungsverfahren nach Bundesrecht geschätzt und in bar abgegolten. Die ausbezahlten Entschädigungssummen flossen zum Teil in Schwimmbassins oder anderswo hin, allein der verflixte Lärm und Gestank von der Autobahn waren damit nicht beseitigt, sie wuchsen mit dem Strassenverkehr. Der Baudirektor bekam indirekt auch seinen Teil ab; er wurde in den Zeitungen recht rüde angegriffen, wie wenn er den Lärm persönlich verursachte. Er wurde öffentlich eingeladen, einmal eine Nacht in diesem ohrenbetäubenden Lärm zu schlafen. Zimmer, Bett und Morgenessen stünden zur Verfügung (inklusive Schwimmbad). Er werde darauf bestimmt endlich für Abhilfe sorgen. Man wies auf den gestörten Familienfrieden hin, was verständlich war. Ein Anwohner erschien persönlich und klagte, seine Frau finde des Nachts keine Ruhe mehr. Auf die schüchterne Frage, ob man nicht das Schlafzimmer wechseln könne, kam die schlagfertige Antwort: «So alt bin ich noch nicht, dass ich meine Frau ins andere Zimmer schicke.» Nur die alte Dame bei der Auffahrt Kriegstetten war glücklich und ungestört: «Da gehe immer etwas und es sei nie langweilig.» Begreiflich, denn sie war seit Jahren schwerhörig.

Der «Ohrenschein»

Die Gemeinde Obergerlafingen und Recherswil wollten es genau wissen und gaben keine Ruhe, sie wehrten sich mit Unterstützung des Baudepartementes gegen den Lärm. Das Problem war nur, die sechsstellige Kostensumme aufzubringen. Das Bundesamt stellte sich nämlich auf den Standpunkt, dass die Grundeigentümer rechtskräftig durch Barabfindungen entschädigt worden seien. Schliesslich und endlich fand man nach einem «Augenschein» – es war eher «Ohrenschein» – einen Kompromiss: Bund, Kanton und Gemeinden teilten sich in die Kosten. Die Verhandlung an Ort und Stelle war vom Autobahnübergang etwa 100 Meter seitwärts verlegt worden, wo man das eigene Wort wieder verstehen konnte. Wir haben uns mit den Autobahnen abgefunden. Wir profitieren gerne und ohne viel darüber nachzudenken von diesen guten, raschen und sichern Verbindungen, die durch zahlreiche Zufahrten und Ausfahrten das Kantonsstrassennetz ganz wesentlich entlasten und den Vekehr von den Ortschaften fernhalten. Auch die Nachteile muss man sehen und sich mit ihnen abfinden, soweit man sie nicht beseitigen oder doch wenigstens vermindern kann. «Wo wären wir und wie ginge es zu ohne die Nationalstrassen?» ist eine berechtigte Frage, auf welche die Antwort eindeutig ist. Die Vorteile überwiegen ohne Zweifel bei weitem. Die Vorteile könnten sogar noch wesentlich grösser sein, wenn die Fahrweise vernünftiger wäre. Es kracht nämlich viel zu viel bei unnötigen Massenzusammenstössen.

Die Kantonsratspräsidenten-Feiern –
gestern – heute – morgen

Die Kantonsratspräsidenten-Feiern sind Höhepunkte für die Gefeierten, eindrucksvolle, fröhliche Anlässe, an welchen alle Jahre wieder der höchste Mann des Staates Solothurn gewürdigt und auf Vorschuss gepriesen wird. Neuerdings fällt diese hohe Ehre auch Damen zu, wie es sich gehört, denn das beste an uns Männern – Politikern und anderen – sind immer noch die Ehefrauen, wenigstens in der Regel. Diese populären Feiertage der Demokratie haben Tradition, aber auch eine unübersehbare Tendenz zu wachsen, wie ein Jungmann in der Pubertät, und es besteht die Gefahr, dass sie aus den Nähten platzen. Es begann mit einer schlichten Feier im Saal der Dorfbeiz, bei Schüblig und Brot und dem unentbehrlichen Nass. Bisweilen fing es so früh und urchig an, dass viele Teilnehmer schon «voll» waren, als der Festsaal noch leer war, sozusagen. Später verlagerte sich das Gewicht unter der Einwirkung der Motorisierung, der guten Jahre und eines masslosen Zeitgeistes; es wirkte von Jahr zu Jahr der Schneeballeffekt. Der Schneeball wurde zur Lawine, die alles mitriss. «Genug war nicht mehr genug!» Aus gut 100 Teilnehmern, wie in alter Zeit, wurden Hundertschaften; ein Geniebataillon in WK-Stärke nahm an den Feiern teil. Die Feiern wurden zu Problemen der Logistik – der peinlichen Vorbereitung. Der Begeisterung folgte die Ratlosigkeit und dieser folgte die ernste Frage: «Wo zum Teufel sollen diese vielen ehrenwerten Körperteile sitzen, wer soll diese liebenswerten (und andern) Persönlichkeiten füttern und tränken und wer in aller Welt soll diesen Anlass, der viele tausend Franken kostet, bezahlen, wer hat das bestellt – wer hat diese Lawine losgelassen? Wer stoppt sie?»

Zurück zur Bescheidenheit

Wie ich mich erinnere, begann es irgendwo im untern Kantonsteil – gut 20 Gratulanten sprachen ins Mikrophon. Die Sache hatte Würze und Faden – freilich einen langen Faden. Später wurden Doppelturnhallen und Übertragungen in andere Feierlokale unentbehrlich. Man wollte hören, aber auch diese Gringe sehen. Es gab auch Einzelfälle, wo die Gefeierten mit dieser aufwendigen Festerei schlicht überfordert waren, weil ihnen niemand finanziell kräftig den Rücken stärkte. Nun – die Gäste liessen die Zunge heraushängen – Zeit hatten sie, und keiner ist bei solchen Härteprüfungen umgekommen. Die Feiern liefen im grossen und ganzen nach demselben Muster ab, wie gehabt. Männiglich kam im bessern Gwändli; einige besonders Schöne wussten durch damals auffällige Sachen – wie Rollkragenpullover oder Schmetterlingkrawättli – aufzufallen. Heute kann jeder tun oder lassen, was er will, ohne aufzufallen.

Auch anderes hat sich im Laufe der Jahre geändert. Die Zahl der Redner hat sich (glücklicherweise) vermindert, dafür hat die Zahl der servierten Gänge kräftig zugenommen... Es gibt einen alten bewährten Spruch: «Kurze Reden und lange Bratwürste!» Da liegt der Hase im Pfeffer, und auf das will ich hinaus: Warum nicht wieder zurück zum einfachen Leben, warum nicht im Sinne der «Budgetwahrheit» die Füsse nach der kleiner gewordenen Decke strecken? Warum nicht wieder Bratwurst und Härdöpfelsalat angemessen

Kantonsratspräsidenten-Feiern sind stets ein Treffen solothurnischer Prominenz, von links:
Max Affolter, Alfred Wyser, Hans Erzer, Willi Ritschard und Franz Josef Jeger.

hinuntergespült und einen Schwarzen mit oder ohne Kirsch sowie ein kleines Dessert – und so fröhlich sein –? Der einzelne Kantonsratspräsidenten-Kandidat kann diese Änderung nicht beschliessen und bekanntgeben, sonst wird er sicher nicht gewählt. Das müsste auf eine neue Amtsperiode hin von den Fraktionen und Räten festgelegt werden – freilich ein heikles Traktandum. Oder ist das die Idee eines Rentners – die Ausgeburt eines Träumers, dem es an «Savoir vivre» fehlt? Auf jeden Fall ist es ein «revolutionärer» Gedanke, den wir lieber gleich wieder vergessen wollen oder nicht? Festen ist ja nicht nur Essen und Trinken, sondern ein Verhalten höherer Bedeutung, ein Ausdruck der Lebensfreude, ein Anlass der Geselligkeit – oder nicht?

Anekdoten

Einige wenige Anekdoten von solchen Kantonsratspräsidenten-Feiern möchte ich hier erzählen, freilich sind es nicht die allerbesten, aber mir sind sie eben im Gedächtnis geblieben.

An einer Feier in einer kleinen Gemeinde im Gösgeramt erklärte der Fraktionspräsident Werner Fröhlicher, der eben erst – wie der gefeierte neue Ratspräsident Anton Wechsler – bei den Nationalratswahlen des Herbstes auf der Strecke geblieben war: «Wenn ich auch aus einer Ecke dieses Saales heraus rede und gratuliere, komme ich mir doch nicht als Winkeladvokat vor... Und Du, lieber neuer Präsident und Leidensgefährte, tröste Dich mit mir: Wir sind beide in der falschen Partei. Wenn Du als Arbeiter auf der Nationalratsliste Erfolg haben willst, musst Du zu den Freisinnigen kommen, denn mich hat ein richtiger Arbeiter, der Seppi Grolimund, im Endspurt klar geschlagen.» In einem nahe dieser genannten Ortschaft gelegenen Badeort meinte der amtierende Landammann «Willu» Ritschard, der es später zu höchsten politischen Ehren im Lande Tells gebracht hat, in aufgeräumter Weise: «Das Volk soll beschliessen, was es für gut hält, und wir in der Regierung machen, was recht ist.» Er hatte damit die Lacher auf seiner Seite, aber einige Räte hörten aufmerksam, mit sauersüsser Miene diesen weitern Grund für eine längst fällige Parlamentreform. Man musste diese Regierung an ein nicht allzu lockeres Leitseil nehmen.

Als amtierender Landammann lobte ich an einer Präsidentenfeier im Wasseramt etwas unkonventionell neben dem neuen Ratspräsidenten Alois Zuber auch den erfolgreichen, abtretenden Kantonsratspräsidenten Hermann Zimmermann als meinen Jahrgänger. Hierauf wandte ich mich an einen andern, anerkannt tüchtigen und gescheiten Jahrgänger, der sich eben erst einen neuen Gesichtsschmuck über der Oberlippe zugelegt hatte: «Jä mir 15er si halt Manne mit Schnäuz, gäll Du Louis.» Der so Angesprochene lachte herzlich mit und wartete geduldig auf die Stunde der Revanche, die ihm nicht entgangen ist. Er erzählte vor einer grossen Bauernversammlung bei der Verabschiedung besagten Landammanns mit Poesie und Schwung die Geschichte vom «modernen Christophorus», die ich als «Heldentat» von Otto Mollet bereits gewürdigt habe.

Tadellos war die über mehrere Präsidentenfeiern fortgesetzte Produktion («Kompendium für Ratspräsidenten») des spätern helvetischen Standesherrn «Mägu» Affolter, ein leuchtendes Feuerwerk beissenden und treffenden politischen Witzes.

Freiwilliger und unfreiwilliger Humor im Parlament

Als Landammann hatte ich einmal im Kantonsratssaal eine schweizerische Vereinigung von Journalisten zu begrüssen, die vom Regierungsrat zu einem Aperitif in den Steinernen Saal des Rathauses eingeladen wurde. Wenn man eine Rede halten muss, soll man etwas zu sagen haben. Als Thema wählte ich deshalb, entsprechend dem Geist des Tagungsortes – dem Genius loci –, die geistreichen Auseinandersetzungen und Wortgefechte, die sich führende Redner und helle Köpfe – darunter auch spätere Bundesräte, Nationalratspräsidenten und fröhliche Originale – vor Zeiten «in diesen heiligen Hallen» geliefert hatten. Dabei pflegten sie in früheren Zeiten – entsprechend dem Zeitgeist und dem Lehrstoff der Schulen – ihre Rede mit Klassikerzitaten, häufig von Schiller aus dem «Wilhelm Tell» und den «Räubern», zu garnieren, zum Erstaunen und Entzücken der Kantonsräte und der Zuhörer. Sie konnten eben noch Deutsch und liebten diese schöne Sprache, denn man hatte sie noch ihre Muttersprache achten und pflegen gelehrt – mehr oder weniger. Später änderten sich die Bräuche, und zwar nicht nur im solothurnischen Parlament; die Sprache verluderte. Es begann auf den Universitäten mit den Herren Professoren und pflanzte sich wie eine Seuche über die Schulen in die Geschäftswelt und in die Politik fort. Der Stil des gesprochenen und des geschriebenen Wortes wandelte sich. Wer mit der Zeit und massgebend sein wollte, bemühte sich, mit blumigen Worten und gedrechselten wortreichen Sätzen in einem «Mischmasch von Politologenausdrücken und pseudowissenschaftlichem Gerede» möglichst wenig zu sagen.

Das Volk und das «Volk»

Doch zurück zur Sache. Man sollte sich nicht über Tatsachen ärgern, die man nicht ändern kann! Um möglichst rasch zu den «Quellen des Wissens» zu steigen und an gute Sprüche und Zitate heranzukommen, fragte ich Louis Rippstein, den langjährigen Begleiter und Weggefährten meines Jahrgangs, wo ich in den Kantonsratsverhandlungen der vielen Jahre leicht fündig werden könne. Augenblicklich antwortete sein Gehirnspeicher: Schau am besten bei Nationalrat Alban Müller, Olten, der ist eine bewährte Fundgrube. Grossartig ist zum Beispiel seine Verteidigungsrede wegen seiner Abwesenheit auf der Jagd während einer Kantonsratssitzung, die ihm im Rat vom Redaktor des «Volk» vorgehalten wurde. Ein mit Klassikerzitaten und Bibelworten gespickter rhetorischer Gegenangriff, der im Satze gipfelte: «Das Volk aber – das wahre Volk – und nicht das Blatt, das sich so nennt, mag seinen eifrigen Räten sehr wohl eine Abwechslung und Erholung gönnen, denn es weiss, dass mit Kopf und nicht mit dem H... gearbeitet und beraten wird.» Soweit die Worte meines Jahrgängers aus dem östlichen Kantonszipfel. Kurz und gut, der Oltner Parlamentarier war ein gewichtiges, witziges und schlagfertiges Kind seiner Zeit, und zwar ein eigenwilliges und lebensfrohes. Von ihm stammt der Spruch: «Lasst uns einen guten Wein bestellen, denn das Leben ist zu kurz, als dass schlechte Weine getrunken werden sollen.» Wer sagt das besser? – Er erlaubte sich eine eigene Meinung und wusste sie auch zu vertreten, wobei er die Lacher auf seine Seite brachte. So erlaubte er sich, vor voller Ratstribüne gegen das Frauenstimmrecht aufzutreten, was den mit der Zeit gehenden damaligen Justizdirektor Max Obrecht gar nicht entzückte, denn dieser liebte es – wie auch andere Regierungsräte – keineswegs, wenn jemand Opposition machte und dazu erst noch ein linientreuer Parteifreund. Als gewiegter Debatter griff Alban Müller in die Saiten und zitierte angesehene Damen, welche sich damals «als Kinder ihrer Zeit» gegen das neue Wesen des Frauenstimmrechts geäussert hatten: «Auch die leider kürzlich verstorbene Pädagogin und Schriftstellerin Hadwig von Arx», sagte der Redner, «hat ihre Skepsis gegen...» «Was verstorben», rief der Justizdirektor in den Kantonsratssaal: «... dort hinten sitzt die Dame und hört interessiert zu!» Alban Müller fasste sich und sagte schlagfertig: «Gut, Frau von Arx... in diesem Falle werden Sie, wie der Volksmund sagt, bestimmt 100 Jahre alt, auf jeden Fall wünsche ich es Ihnen.» Als er Kantonsratspräsident war, zeigte sich die eben erst erstandene Fraktion des Landesrings – vor ihrem vollständigen Untergang in der folgenden Amtsperiode besonders «gwirbig» und redelustig. Hauptsprecher war Kantonsrat Appenzeller, der sozusagen zu allem und jedem das Wort verlangte, und meistens mehrere Male. Als er sich zum xten Male in der gleichen Sitzung meldete, sagte der Ratspräsident: «Herr Wiederkehr hat das Wort.» Verärgert wegen des schallenden Gelächters, verwahrte sich Appenzeller gegen diese Spöttelei des Vorsitzenden, die er nicht hinnehmen könne. Denn in dieser Hinsicht verstehe er keinen Spass. «Wer keinen Spass versteht, ist auch kein Appenzeller», hielt der Vorsitzende trocken fest.

Der Genosse

Einen witzigen Schlagabtausch zwischen Rot und Gelb in klassischer Manier erlebte ich zu meiner Kantonsratszeit. Der SP-Fraktionschef Willi Ritschard erklärte witzig und spritzig, im Laufe der Zeit könne man in der Politik erstaunliche Dinge erleben, mit der Zeit bekämen sogar noch die Freisinnigen Verständnis für soziale Probleme. Der freisinnige Fraktionspräsident Werner Fröhlicher antwortete: «Und mit der Zeit ist bei meinem Vorredner zur Linken auch nur noch die Krawatte rot.» Das war ebenso schlagfertig wie unzutreffend, denn der Willu Ritschard war und ist ein «in der Wolle gefärbter» Genosse – was sein gutes Recht ist –, der recht wohl weiss, dass Genosse von Geniessen kommt, wie er selber hin und wieder zu bemerken pflegte. Nun, diese Qualifikation hat dem zweiten Sieger dieses Rededuells mehr genützt als geschadet, wurde er doch mit FdP-Feuerunterstützung aus allen Rohren einige Jahre später Bundesrat und «Willi national» – der Populärste von allen.

«Einfältige» Beamte gefragt

Treffliche Beispiele meist unfreiwilligen Humors wurden von Kantonsrat Achilles Brunner aus Kleinlützel erzählt. Einmal soll er zum Staatsvoranschlag folgende geflügelte Worte gesprochen haben: «Här Präsidänt, meine Hären. Es sollte im Staate Solothurn einfach mähr gespart werden, besonders bei den Ausgaben!» Das war etwa Anno 1920 gesprochen; ist dieser Ausspruch nicht heute noch zutreffend und nötig? Scharf wandte sich der Schwarzbube gegen die Nebenbeschäftigungen der fixbesoldeten Staatsdiener: «Das ist ein Unfug, der abgestellt werden muss, denn der Staatsbeamte hat nicht drei- oder

Der Kantonsrat tagt. Blick in den ehrwürdigen Kantonsratsaal während einer Ratssitzung.
(Foto: Markus Studer)

zweifältig, er hat vielmehr einfältig zu sein.» Ob dieses Postulat bis heute erfüllt
worden ist, möchte ich als Ehemaliger nicht beurteilen.

Viel zu reden gab vor etwa 20 Jahren die staatliche Beteiligung an der Atel und
die Zusicherung der Konzession für das Kraftwerk Flumenthal an diese
Unternehmung, Lösungen, die sich später als recht glücklich erwiesen. Der
damalige Finanzdirektor, der sich vor Jahrzehnten für die Verstaatlichung der
Elektrizitätswirtschaft eingesetzt hatte, trat mit Überzeugung für die bessere
gemischtwirtschaftliche Lösung ein, und auch der damalige Baudirektor schlug
in dieselbe Kerbe. Dazu machten zwei Kantonsräte originelle Kommentare.
Der erste sagte dem Sinne nach: «Es ist höchst erfreulich, mit welcher
Überzeugung und Frische der Finanzdirektor den Weg vom ‹Motionär› zum
‹Aktionär› hinter sich gebracht hat.» Und der zweite Kantonsrat bemerkte zu
den Ausführungen des Baudirektors zum Kraftwerk Flumenthal: «Der Baudirektor hat meine Interpellation zur vorgesehenen Konzessionserteilung beant-
wortet, bevor ich überhaupt angefragt habe. Das nenne ich ‹zuvorkommend›.»
Bemerkenswert für alle gegenwärtigen und künftigen Parlamentarier aller
Farben und Stufen erscheint mir eine Empfehlung, die der damals amtierende
Nationalratspräsident Hans-Peter Fischer (Thurgau) an einer Zusammenkunft
der Landwirtschaftsdirektoren zum besten gab. Ein Kollege habe ihm folgen-

den Rat gegeben: «Mein Lieber, höre auf einen erfahrenen Kollegen und halte dich an meine Worte: Im Parlament musst du zuerst eine Zeitlang zuhören, damit man dich nicht als vorwitzig hält. Dann musst du eine gut vorbereitete, kolossal gescheite und gut fundierte Rede halten, damit man merkt, dass du ein grosses Licht und ein gescheites Haus bist... Und dann chasch schnöre wiä mir andere au.» Eine sicherlich verständliche und «volksnahe« Ausdrucksweise!

Der Ausbau der Bergstrassen, eine beachtliche Leistung

Wer heute die Bergstrassen benützt, die auf die Juraketten unseres Kantons führen und sich diesen Höhen entlang winden, muss zugeben, dass diese im allgemeinen in recht gutem Zustand sind. Stück für Stück sind die wichtigeren Verbindungen verbessert worden, freilich sind die Wege eher schmal, aber sie genügen den Bedürfnissen, ohne den Massenverkehr über Berg und Tal anzuziehen; man muss aufpassen und vorsichtig fahren. Aber auf diese angemessene Weise sind die Jurahöhen und die Berghöfe erschlossen, was nicht heisst, dass nicht hier und dort die «alten Strassen noch» anzutreffen sind, die eher den Namen «Bachbett» verdienen, wenn es längere Zeit geregnet hat oder nach einem heftigen Gewitterregen.

Die beiden Seiten

Teilweise wird dieser gute Zustand der ausgebauten Bergstrassen geradezu beklagt. Naturfreunde wenden sich gegen die Asphaltierung der Strassenoberflächen, wodurch die Natur verfälscht und der lästige Ausflugsverkehr auf Rädern angezogen werde. Diese Vorbehalte sind sicher nicht von der Hand zu weisen, aber man kann eben nicht alles haben. Man kann bekanntlich nicht ein Bad nehmen, ohne nass zu werden, und jede Medaille hat ihre Kehrseite, wie wir wissen. Diese heikle Lage des innern Widerspruchs nennen wir heute sehr zutreffend einen Zielkonflikt, was freilich die Pobleme auch nicht löst. Und diese Probleme sind ernst zu nehmen.

Die Bewirtschafter unseres Juragebietes, die dort oben wohnen, leben und arbeiten, sind auf gute Strassen angewiesen, die jederzeit fahrbar sind; wenn auch der Naturfreund, der einsame Wanderungen liebt, bedauert, dass die Technik auch den Berg erobert. Hier gilt es – wie mancherorts – einen vernünftigen Interessenausgleich zu finden. Ich persönlich bin eindeutig der Auffassung, dass ein angemessener, einfacher Strassenbau zur Erhaltung des Juraraumes unerlässlich ist, der in unserm Kanton Solothurn durch die jahrzehntealte Juraschutzzone vorbildlich geschützt wird. Ohne Motorfahrzeuge lässt sich auch das Berggebiet in der heutigen Zeit nicht mehr bewirtschaften. «Auch der Bergbauer ist ein Mensch – sozusagen» darf man in leichter Abänderung eines Schillerzitates betonen. Der Winter ist noch schwer genug auf diesen Jurahöhen, und wenn der Schnee in rauhen Mengen fällt und liegen bleibt, wie es von Zeit zu Zeit unfehlbar vorkommt, klingelt regelmässig das Telefon auf dem Baudepartement, dem Tiefbauamt und dem Landwirtschafts-Departement. Bergbauern, Oberamtmänner, Kantonsräte und andere «Ombudsmänner» melden sich und verlangen mit Nachdruck, man solle sofort oder noch schneller diesen oder jenen Hof, diese Bergwirtschaft oder ganze Strassenzüge unbedingt aus dem weissen Segen ausgraben. Man solle rasch vom Autobahnwerkhof in Oensingen oder sonst woher eine Schneefräse oder eine Schneeschleuder schicken, sonst gehe man in die Zeitung und zwar in eine, welche sich noch getraue, diesen Skandal im ganzen Lande bekanntzumachen. Eine Rechnung für den Schaden könne der Staat auf jeden Fall gewärtigen – wird etwa einmal angekündigt – man werde mit den Steuern verrechnen und so weiter und so fort... Stichwort: Höhere Gewalt! Da ist der Mensch samt den verfügbaren technischen Hilfsmitteln zweiter Sieger – wenigstens bis im Mai. Einmal wurde bei meterhohem Schnee eine Bergbauernfamilie am Schelten-pass von einer Zeitung, «die auch dabei war», in grosszügiger Weise mit dem Helikopter versorgt. Es hiess, dass diese Familie auf dem Berg gewisse notwendige Nahrungsmittel für etwa zwei bis drei Tage im Hause hatte und deshalb jede Woche zweimal mit dem Auto nach dem Dorfe Schelten fahren musste oder wollte, zum Einkaufen. Etwa ein Jahr später sollen diese an die Berge nicht gewohnten Leute wieder in tiefer gelegene Gebiete gezogen sein.

Die Heirat des Bergbauern

Dem Bergbauern Hans, einem einsamen Junggesellen am Brunnersberg, soll eine Zeitung durch unentgeltliche Werbung eine regelrechte Ehefrau plus Gratis-Hochzeit einschliesslich Hochzeitsreise(!) verschafft haben, so dass er der «Hans im Glück» war – aber nur für eine kurze Weile, denn das Weibchen hatte nach kurzer Ehedauer von der Romantik des Lebens auf dem Berghof die Nase voll. Sie verschwand, wie sie gekommen war, gegen Norden, heisst es. Sie war um eine Erfahrung reicher. Man lernt eben immer dazu.

Der Ausbau der Bergstrasse, die meistens Privatstrassen sind oder Korporationen gehören, ist die Freude der Bergbauern und der Stolz der Regierung und auch des Bauernverbandes. Diese Leistung darf sich sehen lassen. Sie ist das Ergebnis einer originellen Idee. Sie wurde möglich durch geschlossenes, gemeinsames Handeln, das auf eine jahrelange Periode des Schimpfens über den jämmerlichen Zustand der Bergwege folgte. Unter Billigung aller Beteiligten bewilligte der Kantonsrat bei der Revision der Vorlage über die Motorfahrzeugsteuern einen angemessenen, jährlich wiederkehrenden Beitrag für den Ausbau der Bergstrassen, die ja durch den motorisierten Verkehr ebenfalls beansprucht werden. So haben alle Kreise – auch die Vertreter der Automobilisten – tätig mitgeholfen, das schöne Juragebiet vor Abwanderung und Entvölkerung zu schützen – eine bemerkenswerte Tat eines aktiven und angemessenen Umweltschutzes, meine ich. Ich erinnere mich noch gut an die jahrelangen Klagen, an das Hin- und Herschieben des schwarzen Peters von einer Kommission an die andere, wobei nichts herausschaute. An einer Sitzung der Alpwirtschaftlichen Kommission in Balsthal kritisierte der Bergbauer Urs Bader vom Passwang diesen unerträglichen Zustand und die Tatsache, dass man in der kantonsrätlichen Spezialkommission für die Motorfahrzeugsteuern wiederum nicht «durchgekommen» sei. Es sei wiederum nichts geschehen und erreicht worden. Da fasste sich Landwirtschaftsdirektor Erzer ein Herz und plädierte für das sogenannte «Erledigungsprinzip». Alle Freunde der Berglandwirtschaft müssten nun «in die Hosen» und dafür sorgen, dass der Kantonsrat in der nächsten Woche mit dem Segen der Automobilverbände und anderer Beteiligter einen positiven Beschluss fasse. Und so geschah es, dank dem Verständnis und dem Wohlwollen weiter Kreise.

Von Gästen, Schwarzbuben und Zapfenziehern

Im Zusammenhang mit dem Ausbau der Bergwege darf auch der Besuch der kantonalen Landwirtschaftsdirektion in Balsthal – der Visitenstube des Thals – erwähnt werden. Wir Solothurner wollten als Gastgeber unseren Gästen aus der ganzen Schweiz vom Restaurant «Alpenblick» aus den herrlichen Ausblick auf die Alpenkette und auf die nahen Juraberge präsentieren. Aber auf dem Brunnersberg war just an jenem Morgen der Nebel so dicht, dass man kaum die Kinder der Bergschule sehen konnte, die vor dem Wirtshaus den Gästen ihre Liedlein und ihre Gedichte darboten. Die Bergstrasse sei recht ausgebaut meinten die Gäste, nur dürfte sie gut und gerne einen Meter breiter sein.

Tags zuvor war der bei solchen Konferenzbesuchen übliche gesellige Abend in Anwesenheit von Bundesrat Ernst Brugger und Landammann Alfred Wyser, der eine gute Ansprache hielt, glücklich abgewickelt worden. Zwei «herausragende Höhepunkte» möchte ich für die «Weltgeschichte» festhalten. Zuerst eine unerwartet «Grau in Grau» gehaltene Begrüssungsansprache des Balsthaler Gemeindeoberhauptes. Der Lagebericht fiel so düster aus, dass tags darauf der Eidgenössische Volkswirtschaftsdirektor Ernst Brugger besorgt fragte, ob es sich um eine rhetorische Meisterleistung des jungen Gemeindeammanns oder um einen tatsächlichen Lagebericht gehandelt habe. Wir versuchten zu beruhigen. Aber heute im Sommer 1983 sehen wir, dass der junge Ammann, Urs Grolimund, so unrecht nicht hatte mit der «Klus». Im Gegenteil: Er hat sogar recht bekommen – leider!

Hierauf erschien im Saal eine fröhliche Trachtengruppe zu lüpfiger Ländlermusik, und eine schmucke Trachtendame bewegte in der Hand ein langes metallenes Etwas, das sie auf den Boden schlug, wobei die Glöcklein des Stabes fröhlich bimmelten. «Das isch ä Schällebaum,» sagte 's Lisebethli Pfluger aus dem Gäu und liess die Trachtengruppe einige flotte Volkstänze zu rassiger Handörgelimusik aufführen. Sie gab die Herkunft der Tänze an und sagte mit einem Seitenblick auf mich: «Dä Danz do isch us em Schwarzbuebeland gsi.» Die Schwarzbuben, sagte die Sagenerzählerin im schönen Gäuer-Dialekt, «das sind die Leute, die da hinter den Bergen wohnen. Sie haben die schönen Strassen und sind die bevorzugten Lieblingskinder, aber man weiss warum.» Wieder trafen ihre schönen Augen meinen schüchternen Blick und sie fuhr fort: «Im übrigen sind diese Schwarzbuben so ‹verdreiht›, dass man aus zweien oder dreien einen Zapfenzieher machen kann – heisst es!» Päng, nun wusste ich es! Diese Begebenheit habe ich hin und wieder zum besten gegeben, ohne etwas nachzutragen. Regierungsmänner bekommen im Laufe der Jahre eine dicke Haut, aber Menschen bleiben sie allemal und gleichwohl. Darum habe ich bei passender Gelegenheit auch gerade heraus geredet und einem Gäuer Kantonsrat in der FdP-Fraktion gesagt, ich verstehe, dass er als Gäuer misstrauisch sei. Darauf antwortete er, er bleibe bei seiner Ansicht und übrigens sei er kein Gäuer, sondern ein Guldenthaler, wie sein Name beweise; er heisse bekanntlich Werner Häfeli. Respekt übrigens vor den Guldenthalern, denn eine stattliche Delegation der Gemeindebehörde von Mümliswil hatte den hohen Gästen aus der ganzen Schweiz das Geleit auf die Jurahöhen gegeben; sicher aus Anerkennung für das Wohlwollen unserer gesamten kantonalen Regierung für die Probleme der Gemeinde und ihrer Bergbauern. Zum Mittagessen im «Ochsen» spielte die Dorfmusik, und es wurde ein grossartiges Dessert gespendet, das mein alter Kantonsratskollege und Freund, der Bäckermeister Fritz Fankhauser, mit viel Schlagrahm, Zucker, Zutaten und Liebe trefflich zubereitet hatte.

Die holprige Thalstrasse oder die langjährigen Leiden eines Baudirektors

Wegen des Zustandes unseres Kantonsstrassen-Netzes habe ich im Laufe meiner 20 Amtsjahre Lob und Tadel eingeheimst. Das Lob eher später als den Tadel – das versteht sich. Der kantonale Strassenbau war während langer Zeit das mühsam aufgepäppelte, langsam zum Guten gedeihende Kind der sich im Amte ablösenden Baudirektoren. Sorgenkinder werden Lieblingskinder, welche freilich nicht immer – und auf jeden Fall nicht postwendend – die eingesetzte Liebe und die vielfältigen Opfer vergelten. Man sollte keine Lieblingskinder haben, sondern einfach Kinder. Ich will konkret werden: Der moderne Strassenbau begann hierzulande nach dem Zweiten Weltkrieg. Das liegt in der Natur der Sache. Damals begann der Siegeszug des Automobils, des Personenwagens und der schweren Brummer. Dank seiner Beweglichkeit drängte das Automobil den Schienenverkehr arg ins Abseits und verbannte die Postkutsche mitsamt dem letzten Postillion von der Strasse. Eigentlich schade, oder nicht?

Die Leistungsfähigkeit der Thalstrasse als Zweispurstrasse mit Radstreifen und gut ausgebauten Knotenpunkten entspricht ungefähr der Hauptstrasse T5 Solothurn–Grenchen. Die Verkehrsfrequenzen liegen zwischen 2000 Motorfahrzeugen auf der Strecke Gänsbrunnen–Welschenrohr und 5000 Motorfahrzeugen auf der Strasse Laupersdorf–Balsthal. Das Bild zeigt die Thalstrasse bei Hammerrain.

Der Vorgänger

Bis zu dieser Revolution oder besser zu dieser Evolution im Verkehrswesen auf Wegen und Strassen waren diese Verkehrsanlagen eben für Pferdefuhrwerke angelegt und entsprechend ausgebaut. Der «Wegmacherdienst» brachte alljährlich das Grien auf die Kantonsstrassen, die in der Mitte einen Buckel hatten, einen künstlichen, damit das Regenwasser seitwärts ablaufen konnte. Im Laufe der Zeit spritzte derselbe Wegmacherdienst, allenfalls in Zusammenarbeit mit einem Unternehmer, Teer auf die aufbereitete Oberfläche und machte so die Strasse staubfrei. Natürlich wurden auch technisch einwandfreie Anlagen und Kunstbauten erstellt, entsprechend der Notwendigkeit und den damals schon knappen Mitteln. Es ist das Verdienst meines Amtsvorgängers, des Baudirektors Otto Stampfli, den Ausbau der Strassen I. Klasse – vor allem der Jurafussstrasse (T5) Grenchen–Solothurn–Olten und der Strasse Lohn–Solothurn sowie vieler anderer Strassen – energisch gefördert zu haben. Er war ein dynamischer Mann, der sich dank des Einsatzes von viel Kraft und Geld den liebevollen Namen «Millionen-Otti» verdiente. Damals machte eben eine Million noch einen Eindruck! Neben dem Verkehr zu Lande, zu Wasser und in der Luft – er war begeisterter Fliegerfreund – galt seine Liebe dem «Berg», dem Weissenstein, den er gut 1000mal zu Fuss besuchte, aber auch dem ganzen Juragebiet. Sein erfolgreichstes «Kind» war die Juraschutzverordnung von 1942.

Der Meister aus dem Thal

Eine Strasse der eben geschilderten Art – eine von vielen – war die Thalstrasse von der Thalbrücke in Balsthal bis zur Kantonsgrenze bei Gänsbrunnen. Sie war schlecht und recht geeignet für die Post und den spärlichen Autoverkehr jener Zeit: sie war schlichter Durchschnitt. Man war mit ihr offenbar nicht sonderlich unzufrieden. Das änderte sich plötzlich zu Beginn der sechziger Jahre. Man sprach von Werkverkehr zu irgendwelchen Grossbaustellen im Einzugsgebiet, auf jeden Fall hiess es, der Strassenkoffer sei zu befahren wie ein «Wellblech aus Steinen». Es wurden Komitees gegründet, Zeitungsartikel verfasst und Delegationen aus der Region nach Solothurn geschickt. Mit der Regierung wurde ein Plan für eine etappenweise Sanierung ausgearbeitet. Später erschien eine neue Delegation, die mit Recht einen grosszügigeren und im Ergebnis günstigeren Ausbau verlangte, der dann auch in geduldiger jahrelanger Arbeit verwirklicht wurde. Kurz und gut in gehobener Sprache ausgedrückt: «Das Werk lobte den Meister», aber der Meister lobte nicht das Werk, wenigstens lange Zeit nicht. Ich meine meinen alten Freund Erwin Meister, Kantonsrat in Matzendorf. Wie einst der grosse Cato im alten Rom – der bei jeder Gelegenheit in seinen vielen Reden dem Volk erklärte, man müsse die lästige Konkurrenzstadt Karthago zerstören – benützte dieser aufsässige, redegewandte Volksvertreter und unbezahlte «Ombudsmann des Thals» im Kantonsrat jede Gelegenheit, um dem Bau-Direktor die Thalstrasse «um die Ohren zu schlagen» wie man heute sagt. Einmal beklagte er sich im Parlament, die Thalstrasse sei so holperig, dass es ihm bei der Fahrt im Postauto bei einem Gump des Wagens den Hut eingedrückt habe. Nachdem sich das Gelächter im Rat gelegt hatte, erwiderte ich ihm, dass aber das «Öl an seinem Hut» nicht von der Thalstrasse stammte. Ein anderes Mal erklärte er mit erhobener

Stimme und erhobenem Zeigefinger prophetisch: «Die Amerikaner werden bestimmt sicher eher auf dem Mond sein als das Bau-Departement mit der Thalstrasse in Welschenrohr». Recht hatte er der Prophet und Volksmann Erwin Meister! Gut Ding will Weile haben, und heute liebt der Meister das Werk!

Wohl auf alle Zeit

Ausgelegt ist die Thalstrasse auf einen Spitzenverkehr von 15000 bis 16000 Fahrzeugen im Tag. Zurzeit verkehren im hintern Teil rund 2000 Autos und im vordern Teil von Laupersdorf Richtung Balsthal (Thalbrücke) gut die doppelte Zahl. Die Strasse kann dem Verkehr also noch auf lange Zeit – ich meine persönlich für «alle Zeit» – vollauf genügen, wenn die Strassenführung in Welschenrohr zweckmässig gelöst und der Weiterausbau Richtung Gänsbrunnen wie vorgesehen abgeschlossen wird. Freilich bin ich kein Prophet wie der ehemalige Kantonsrat Erwin Meister es war punkto Mondfahrten und Thalstrassen-Ausbau. Ich bin nur ein Privatmann und ein Gegner von Prestigebauten, seien es «hochgestelzte» Stadtdurchfahrten oder hier im konkreten Fall eine breite, vierspurige Thalstrasse – genannt «Transjurane nationale», die sich nach meiner Meinung vom Bedürfnis her nicht rechtfertigen lässt und einen übermässigen Eingriff in ein bis heute recht gut erhaltenes, schönes Tal bringen würde.

Der Passwang
und der Scheltenpass

«Der Passwang ist die schlechteste Strasse im ganzen Jura und eine Schande für die Obrigkeit», so ungefähr klagte schon vor langer Zeit der Chronist. Mühsam und schlecht unterhalten, teilweise durch Frondienst der Dörfler und Landeigentümer, verband er das Lüsseltal mit dem Guldenthal, bisweilen dem Bett der neben ihm zu Tale eilenden Lüssel vergleichbar, welche bei günstigem Wasserstand zum Flössen von Holz benützt wurde. Auf der Südseite zweigt oberhalb von Ramiswil der Schelten ab und führt über die Jurahöhen ins Delsbergerbecken. Die Verbindung der beiden Pässe würde noch besser werden, wenn... der oft diskutierte und postulierte Passwangbasistunnel zustande käme. Aber eben, wenn! Heute scheint der Tunnel weiter in die Ferne gerückt, als man es vor rund 25 Jahren vermutete. Auf die Begeisterung ist auch in dieser Frage wie so mancherorts die Ernüchterung gefolgt. Man fragt sich heute: Müssen tatsächlich überall Löcher gebohrt werden, um irgend ein mehr oder weniger wichtiges Bedürfnis zu befriedigen? Soll man dafür gute 30 Millionen ausgeben, an die der Bund nichts leisten will? Soll zusätzlicher Durchgangsverkehr durch das Lüsseltal gezwängt werden, was bringt dieser Mehrverkehr eigentlich?

Vor 25 Jahren

Ja, vor 25 Jahren glaubte man an die grossen Vorteile dieses Tunnels, der die nördlichen Vogteien näher und enger mit dem Solothurner Kernland verbinden könnte. Es war etwa im Jahre 1958, als sich die damaligen Bau- und Finanzdirektoren des Kantons mit aktiven und draufgängerischen Politikern aus dem Thal und aus dem Schwarzbubenland bei der «Vordern Sagi» am Schelten trafen, just dort, wo die Zufahrt zum Basistunnel in eine neugeführte Scheltenstrasse einmünden sollte. Von jener Schwarzbuben-Delegation sind Josef Grolimund (Erschwil), Pius Stebler (Nunningen) und Otto Stich (Dornach) bald darauf Nationalräte geworden, die ihren Mann in Bern gestellt haben wie im Kanton, und der vierte im Bunde wurde kantonaler Baudirektor. Aber auch hier zeigte sich, dass nicht alle Blütenträume reifen können, und dass bei näherem Hinsehen die Sache weit schwieriger wurde. Wie sollte man dieses aufwendige Projekt in ein Strassenbauprogramm einpassen, da von überall her die Glocken der Heimat läuteten und jeder Region und jeglicher Gemeinde ihre Wunschliste an das Baudepartement viel wichtiger war als alles andere? Es musste dabei bleiben, dem Kantonsrat zuhanden der Volksabstimmung einen angemessenen Kredit für Abklärungen und geologische Untersuchungen vorzuschlagen, was den einen zu wenig und den andern zuviel schien. Man vermutete aareabwärts, der Baudirektor wolle sich ein Denkmal setzen mit diesem Tunnelbau. Trotzdem ging die Strassenbauvorlage durch, wie zehn Jahre später eine weitere. Obschon in der Zwischenzeit immer wieder das Echo vom Passwang ertönte, erschien Abwarten die richtige Methode. Zuerst galt es, die beidseitigen Zufahrten gut auszubauen. Dieses Ziel ist nun weitgehend erreicht, und mein Nachfolger Walter Bürgi wird in derselben Art und Weise der kleinen Schritte die Aufgabe zu Ende führen. – So wie ich ihn kenne.

Der Passwang – auf dem Bild die Strasse in der Gemeinde Beinwil – ist eines der Sorgenkinder der Verantwortlichen für die solothurnischen Strassen.

Die nicht ausgestrahlte Fernsehsendung

Aber die Tunnelfrage geriet immer mehr ins Abseits, viele hatten die Meinung, andere eine andere oder keine oder beide Meinungen – je nachdem, wie der Wind das Tal hinauf oder hinunter blies. Man sollte auf dem Baudepartement nun wissen, was zu tun war, und bereitete eine Zusammenkunft der interessierten Gemeinden sowie der organisierten Gegner und Regionalplanungsverbände beidseits des Berges vor. Der Ausgangspunkt war die Ortsplanung von Erschwil, wo die Sicherstellung der Umfahrungsstrasse am Rande der Bauzone grösste Schwierigkeiten machte. Alle wollten Bauland haben. Die Versammlung von Departement und Eingeladenen in Büsserach erreichte einige Publizität und man vermutete einen bodenständigen Krawall, der sogar das Fernsehen anlockte, das für solothurnische «Aktualitäten» (damals) wenig Interesse zeigte. Aber die Verhandlungen liefen so gesittet und anständig ab, dass weiss der Herr keine «Story» damit zu machen war. Man fühlte sich unter Leuten, die ihre Meinung vertraten oder meistens keine eigene Meinung hatten. Kein Vergleich etwa zum deutschen Bundestag oder zu einer Aussprache homerischer Helden, die sich in Schimpfworten übten. In der obligaten Pause bat mich ein Fernsehfritze um ein Interview. Ich sagte: «Das da ist der Herr Kantonsingenieur Fontana, der versteht mehr vom Strassenbau und ist erst noch der Schönere; er wird»; er tat – aber die Fernsehsendung ist mangels Aktualität nicht erschienen, was verständlich war. Von allen Befragten hatten nur zwei Gemeinden eindeutige Meinung Pro, die andern übten sich im Vernebeln. Man war eigentlich so klug als wie zuvor und damit im Bilde, dass der Tunnel nicht gefragt war. Der Regierungsrat ordnete die Sicherstellung der Linienführung an und bereitete durch geologische Abklärung das allenfalls Notwendige vor. Was zu tun war, wurde getan.

Ein Sorgenkind

Die bestehende Passwangstrasse wird trotz des angestrebten Tunnelbaus eine erhebliche Bedeutung beibehalten als Erschliessungsstrasse für die vielen Höfe in der prächtigen Erholungslandschaft des Juras. Die heutige Strassenführung ist das Ergebnis langer und heftiger Auseinandersetzungen widersprechender Interessen. Sie ist zu Beginn der dreissiger Jahre unter Einsatz von Arbeitslosen aus der Uhrenindustrie gebaut worden. Wer wird dabei nicht an die heutige Lage im Uhrenland unseres Kantons erinnert? Vom geologischen Gesichtspunkt aus war die ausgeführte Ramiswiler Variante wohl eine Fehlgeburt, und sie wird es bleiben. Sie ist ein Sorgenkind – das freilich nicht masslose Probleme, aber immer wieder Überraschungen bringt, die eigentlich keine sind. Es war eigentlich vorauszusehen, dass eine Anlage im Rutschgebiet rutschen muss, sobald die Oberfläche der Hänge angegraben wird. Aber irren ist eben menschlich, auch bei Sachverständigen. Freilich hatte man den wichtigsten Rat des beigezogenen Experten, eine gute Entwässerung des Strassenkörpers vorzusehen und einzubauen, nicht beachtet. Es wurden lediglich auf der Strassenseite Rinnen zum Abfluss des Regenwassers angebracht. Das Hangwasser floss aber – wie sich später zeigen sollte – teilweise in einer Tiefe von 10 m. Weniger Geld ausgeben ist eben nicht immer Geld sparen!

Interessant ist das «Streitgespräch» zwischen einem ortsansässigen Bauern, der den Berg kannte, und dem damaligen Baudirektor, der als ehemaliger Baumeister ein Fachmann war. Die Staatswirtschaftskommission nahm im Gelände einen Augenschein vor; da trat das Bäuerlein zu den Herren und sagte: «Der ganze Abhang rutscht, und auch die Strasse wird rutschen.» Worauf der Baudirektor: «Das Schtröössli hebe mir scho, guete Ma. Löht das euseri Sorg sy.» Wer hatte Recht, der Fachmann oder der Landmann? Nun – nachher ist man immer klüger. Diese Geschichte erzählte ein Bucheggberger Mitglied der Staatswirtschaftskommission seinem Sohn, Hermann Zimmermann, später ebenfalls Mitglied dieser Kommission, der sie mir weitergegeben hat.

Wir müssen mit dem Passwang leben. Der Unterhalt ist gut, die Wegmacher sind einsatzfreudig, und das Tiefbauamt widmet dem wichtigen Übergang alle Sorgfalt. Der Winterdienst klappt, freilich bei extremen Witterungsverhältnissen (massenhafter Schnee, Temperaturstürze) ist man nie ganz sicher. Ich bin in meiner Breitenbach-Zeit auf beiden Seiten hängengeblieben. Er ist nicht zu unterschätzen, der alte «Barschwang».

Der schwarze Mercedes am Scheltenpass

Nun zum Scheltenpass. Die Gemeinde Mümliswil machte grosse Anstrengungen, diese wichtige Erschliessungsstrasse, welche im Ersten Weltkrieg vom Militär gebaut und alsdann dem Kanton übertragen wurde, in besseren Stand stellen zu lassen. Man wurde zwischen Regierung und Gemeinde einig, auch den Bund gehörig zur Kasse zu bitten, der ja den Truppenübungsplatz im

«Moos» betrieb und am Ausbau ebenso interessiert war wie an einem guten Verhältnis mit der Talschaft. Es gelang; das Eidgenössische Militärdepartement zeigte sich «vorsichtig grosszügig». Und der Ausbau über die Passhöhe bis zur Berner Grenze dauerte etwa zwei Jahre. Es war ein bescheidener «reduzierter» Ausbau. Es wurden dringliche örtliche Strassenkorrekturen vorgenommen und Ausweichstellen erstellt, welche das Kreuzen von Motorfahrzeugen auf der vier bis fünf Meter breiten Strasse ermöglichen, und ein Belag eingebaut, um das Strassentrassee bei Unwettern zu halten. Man war mit dem bescheidenen Strässlein, das vom Jura her vermehrt benützt wurde, zufrieden. Eine Abnahme war angebracht. Die Vertreter der Gemeinde, des Eidgenössischen Militärdepartements und der Baudirektor fuhren das Trassee ab. Aber ach! – im Waldstück blieb der neue Staats-Mercedes trotz seiner knapp 10 000 km und seiner prächtigen schwarzen Lackfarbe wie ein Bock stehen. Ich konnte in den feldgrauen Wagen des Bundesvertreters umsteigen und auf die Höhe des Passes gelangen. Zum Abschluss fand man sich zusammen in der «Schweizerhalle» zu einem guten Essen. Der Ammann dankte namens der Behörden und der Anlieger und Benützer dem Bund und dem Baudirektor, mit dem man Rosse stehlen könne, wenn es um Bergstrassen und den sozialen Wohnungsbau gehe. Auch der Oberstbrigadier aus Bern blies in ein wohltönendes Horn, das den zahlreichen Ortsansässigen als flotte Musik gefiel. Zusammenhalten sei gut und nötig; es sei beispielsweise auch für einen Regierungsrat wichtig, wenn er im Notfall als Autostopper in einem feldgrauen Wagen mitreisen könne.

Der Baudirektor dankte ebenfalls nach allen Seiten und speziell für die Mithilfe nach der Panne. «Ich habe es ja immer geahnt», sagte ich unter allgemeinem Gelächter in der schwarzen Hochburg, «dass man den... schwarzen Wagen nicht ganz trauen kann.» Es war ein würdiges und fröhliches kleines Fest für eine eher schmal geratene, aber sehr wichtige Strassenverbindung über die Juraberge ins Welschland. Viele Jahre später – anlässlich meiner Demission – erhielt ich völlig unerwartet einen freundlichen Brief der Gemeindebehörde von «Schelten» und dazu erst noch zwei Flaschen edlen Weins – mit der Etikette «Jura libre». Diese Anerkennung hat mich wirklich gefreut, denn Dankbarkeit ist nicht nur in der Politik ein seltenes, aber um so erfreulicheres Blümlein am Wege des Lebens. Natürlich steckten die Guldenthaler Behörden hinter dieser netten Aufmerksamkeit.

Der Rötihof in Geburtswehen und in Betrieb

Es begann an meinem ersten Arbeitstage auf dem Baudepartement, am 1. August 1961. Soeben hatte mein Vorgänger, Otto Stampfli, mir im schönen Büro im zweiten Stocke des Rathauses das Bau- und Landwirtschaftsdepartement ohne grosse Formalitäten übergeben. Nun war ich 'der Chef und sass an dem Pulte, vor welchem ich so oft rund 15 Jahre früher gestanden hatte. Man machte sich auf zu einem Umtrunk im Ratskeller. Da erschien in grosser Eile der juristische Sekretär – einer von zweien – und hielt mir ein mehrseitiges Schreiben hin. «Bitte unterschreiben.» Ich las, es war eine Einsprache gegen den städtischen Bebauungsplan über das Areal «Kloster Sankt Joseph» und Umgebung. «Damit müssen wir uns gegen die Taktik der Stadt wehren, das ganze Baugebiet des Klosters Sankt Joseph und – was uns noch mehr betrifft, – das Baugrundstück des künftigen Rötihofs (des Neubaus des Baudepartements) durch ein rechteckig gelegtes enges Strassennetz praktisch unüberbaubar zu machen», sagte der Jurist, und der Vorgänger nickte, und ich unterschrieb. Das war in der Tat meine erste Unterschrift als amtierender Baudirektor: Das Signal zu einer ersten Auseinandersetzung mit den städtischen Baubehörden. Das konnte gut werden, und das hatte ich nun wirklich nicht herbeigewünscht und vorprogrammiert: «O verteufelte Geschichte, heldenhafter Lebenslauf» – seufzte ich. Aber, was nicht zu erwarten war, geschah: Die Stadt gab diesen Bebauungsplan auf, man hatte also «getestet».

Der ideale Gatte

Nach einigem Hin und Her stand der Erstellung des Klosters Sankt Joseph und des Rötihofes aus dem Gesichtspunkte der Ortsplanung nichts mehr entgegen. Der Rötihof nahm auf dem Papier Gestalt an. Bauherrschaft war die «Rötihof AG», welche das Land einbrachte, das aufgrund eines sogenannten «selbständigen Baurechtes» überbaut wurde. Aufgrund des massgebenden Vertrages sollte das Gebäude nach jährlichen Zinszahlungen und Kapitalzahlungen (Annuitäten) etwas nach der Jahrhundertwende in Staatsbesitz übergehen. Bauen und Zahlen war natürlich Sache des Staates. Das Bauen begann, nachdem die Baubehörde im Baubewilligungsverfahren nach Vorliegen eines Expertengutachtens schliesslich und endlich zugelassen hatte, dass auf dem Flachdach ein «Liftkasten» angebracht werde, was vom Stadtbauamt vorerst als «verunstaltend!» angesehen worden war. Der Rötihof ist ein ortsüblicher Zweckbau, seine Qualitäten liegen nicht in seiner Form, sondern ganz eindeutig im Inhalt, eben dem Bau- und Landwirtschaftsdepartement. Ehrlich! Eine Putzfrau, pardon: eine Raumpflegerin im Rötihof hat mir später einmal zwischen Tür und Angel erklärt, ihr Mann arbeite im Wasseramt. Ein Staatsangestellter sei ein idealer Gatte, der komme abends ausgeruht nach Hause, und die Zeitung habe er auch schon gelesen. Nun der Rötihof, ich habe es bereits gesagt, hielt als Gebäude, was man ihm zumuten durfte. Er diente der Konzentration der Amtsstellen und förderte auf diese Weise die Wirksamkeit der Zusammenarbeit. Weniger der Konzentration förderlich war der unerträgliche Strassenlärm, der nur einen Chefbeamten nicht störte, dem sie

Der Rötihof: das Flachdach als bewährte Berieselungsanlage für die oberen Stockwerke.
(Foto: Franziska Bolliger)

im Laufe seiner militärischen Karriere einen Ohrenschaden verpasst hatten. Der Baudirektor und andere Vorsichtige sassen auf der ruhigen, dem Frauenkloster Sankt Josef zugewandten Rückseite.

Das Flachdach als «zuverlässige» Berieselungsanlage

Der Rötihof erfüllte auch die in ihn gesetzten Erwartungen punkto Flachdach. Es dauerte eine kurze Weile, und das Flachdach begann schon bald seine übliche Funktion als variantenreiche, wetterabhängige, aber unfehlbar wirkende Berieselungsanlage der oberen Stockwerke aufzunehmen, wie die meisten Flachdächer dieser «unvollkommenen Hochbauwelt». Hochbaufachleute sind Liebhaber von flachen Dächern, es muss eine sehr alte Liebe sein, vielleicht geht sie auf die alten Ägypter zurück, meine ich. Diese taten es auch so, ausser bei den Pyramiden, wo sie das Gegenteil taten. Aber in Ägypten sollen die klimatischen Verhältnisse – speziell punkto Niederschlag – nicht genau so sein wie bei uns im grauen Norden. Vielleicht wird dies spätern Technikergenerationen auffallen. Sie können schon, wenn sie wollen, aber vorläufig tun sie halt nicht wollen. Aber warum diese kritischen Worte – wird man sich zuständigen Orts (in technischen Fragen) denken. Flachdächer sind «tabu», sie schaffen Arbeit, bringen Unterhalt, und davon lebt ja schliesslich manch einer: Das war schon dem sonst eher weltfremden Zögerer Hamlet aufgefallen: «Wirtschaft, Horatio, Wirtschaft...» sagte er. Er meinte zwar nicht die Flachdachspezialfirmen, sondern eher das Gastgewerbe, glaube ich. Einen einzigen Sieg später gegen das «öffentliche» Flachdach kann ich vermelden, ...immerhin. Beim geplanten neuen Werkstattgebäude der landwirtschaftlichen Berufsschule «Wallierhof» ist ein geneigtes Dach in den «Wettbewerbsbedingungen» vorgeschrieben, und es besteht gute Aussicht, dass es entsteht. Vielleicht als Gegengewicht zum «beaujolaisfarbenen Würfel» am Hange, in welchem ein tüchtiger Bauernstand von tüchtigen Lehrkräften ausgebildet wird. Übrigens ist dort noch kein Dachschaden aufgetreten, so weit mir bekannt – am roten Würfel, meine ich.

Zurück zum Rötihof und Umgebung. Inzwischen hatte eine kluge Land-erwerbspolitik des Staates zwei nördlich des Rötihofs liegende ansehnliche und geräumige Privatliegenschaften zu durchaus christlichen Bedingungen freihändig erworben. Diese waren damit der Spekulation entzogen; sie können ohne nach aussen sichtbare Veränderungen der staatlichen Verwaltung gute Dienste leisten.

Das Loch im Süden

Nach Süden – Richtung Baseltorkreuzung – kann der Rötihof glücklicherweise nicht erweitert werden, weil über das dort «befindliche» grosse Loch die Einwohnergemeinde Solothurn ihre Hand ausgebreitet hat als Raumreserve. Aber die Stadt ist eine alte Stadt, wie wir wissen, und hat deshalb Zeit. Wie Rom kann auch Solothurn warten. Und das ist gut so. Hat nicht seinerzeit ein erst kürzlich verstorbener älterer alt Stadtammann und alt Standesherr laut nachgedacht: «Wenn du etwas machst, wirst du kritisiert als ‹e dumme Ch...›, und wenn du nichts machst, wirst du auch kritisiert als ‹fuule Ch...›, hast dabei aber deine Ruhe. Dorum bini lieber e fuule Ch...»

Östlich des Rötihofs sind in den letzten Jahren noch andere bemerkenswerte Bauten entstanden: ein modernes Frauenkloster und ein Seminar, in dem die Erzieher künftiger Generationen herangebildet werden. Da liegen verschiedene Welten nahe beieinander. Darüber werden wir später auch einmal einige Worte «verlieren».

Aus Dankbarkeit
ins Gebet eingeschlossen

Sang- und klanglos war der Rötihof an der Werkhofstrasse, das Bürogebäude des Bau- und Landwirtschaftsdepartements, bezogen worden. Ein ständiges Sausen und Brummen machte den ahnungslosen Besucher auf das «Brainstorming», zu Deutsch auf das tiefe Nachdenken der Beamten, aufmerksam, das nur durch das Trommeln und Dröhnen der Schreibmaschinen und das Läuten des Telefons unterbrochen wurde. So erlebte es der Aussenstehende; die Insassen sagten, das sei der Strassenlärm. Die Isolation wurde erst später erfunden und «nachvollzogen».

Anders ging es zu beim benachbarten Kloster St. Joseph an der Baselstrasse. Dieser sorgfältig geplante und gefällig ausgeführte Bau war eine sittsamfröhliche Einweihung wert. Und es wurde in der Tat eine lustige und unbeschwerte Feier, doch davon später.

«Das da ist ein Traxobjekt ...»

Der Klosterneubau ist nicht ohne beachtliche Schwierigkeiten entstanden. Es gab am Anfang Meinungsverschiedenheiten zwischen der Klosterfamilie auf der einen Seite und den Beratern aus dem Laienstande auf der andern Seite, ob ein Neubau einem Umbau des alten Klosters, entsprechend den Vorschlägen der Denkmalpflege, vorzuziehen sei. Da schieden sich die Geister; die Ehrwürdigen Klosterfrauen waren verständlicherweise eindeutig der Meinung, dass sie nun lange genug gefroren hätten und dass die Wohnverhältnisse – speziell auch während der langen Umbauzeit – unzumutbar seien und nun endlich grünes Licht für einen Neubau erwartet werde. Diese Auffassung teilte auch der neu beigezogene Laienberater der Ehrwürdigen Schwestern, ein gewandter Jurist, der – wie seine beiden Vorgänger – in der Beraterfunktion das Beste wollte, der aber im Gegensatz zu jenen beiden das Richtige im Sinne seiner Schützlinge traf. So kam es zum Entscheid über die Frage, ob das alte Kloster als Denkmalschutzobjekt zu erhalten sei oder ob der Abbruch bewilligt und ein neues Kloster erstellt werden könne. Zuständig war die Regierung, die in corpore an Ort und Stelle eine Besichtigung vornahm. Ich erinnere mich nicht mehr an Einzelheiten, mit einer Ausnahme: Der damalige Finanzdirektor und Standesherr, bekannt für seine kernigen und «pukten» Ausdrücke, kam, sah und sagte die geflügelten Worte: «Dieses Gebäude ist ein Traxobjekt», was den damaligen Erziehungsdirektor als überzeugten Schutzherrn der Denkmäler sehr erregte und zu einem scharfen Protest veranlasste. Nun, der Regierungsrat beschloss «mehrheitlich», man wolle den Ehrwürdigen Schwestern ihren Willen lassen und ihnen einen Klosterneubau gestatten, und so geschah es.

Seminar in der Nachbarschaft

Auf dem östlich anschliessenden Areal wurde hierauf das neue Lehrerseminar errichtet, ein zweckmässiger, stattlicher Bau, in welchem neue Lehrergenerationen auf ihre wichtige Aufgabe der Erziehung vorbereitet werden – in kritischem Geist und bis vor kurzem – das heisst bis Frühjahr 1983 – auf «Buredütsch» –, wie zu lesen war. Wie es bei Schulbauten damals üblich war,

73

Der Blick vom Baudepartement zum Kloster Sankt Joseph und zum Lehrerseminar.

wurde auf unerforschlichen Beschluss eine Planänderung «durchgezogen», die man allerdings durch den Kantonsrat genehmigen liess. Die Räume der Hauswirtschaft wurden kulturellen Zwecken zugeführt, was sich in eindrücklichen Feiern für den bekannten und beliebten Heimatdichter Josef Reinhart – dem manch gutes Gedicht gelungen war und dem der «Gugger uf em Nussbaum» zugerufen hat «D Zyt isch do» – auszahlte und ausdrücklich offenbarte, wie ebenfalls zu lesen war. Als ich meinen ehemaligen Ratskollegen des Einwohnergemeinderates Breitenbach mit einigem Stolz das stolze Gebäude zeigte, hörte ich ganz überrascht die eindeutigen Worte: «So, da sieht man, wo unsere Steuergelder hinkommen.» Nun, sie sind auch gut bedient worden, die Thiersteiner Mitbürger beim Bau des Gymnasiums Laufental-Thierstein in Laufen. Dort hat man, wie beim Schulzentrum «Laubfrosch» in Flüh im Leimental, reichlich gespendet und verwendet.

Kopfloses Geschenk oder kopflose Schenker?

Doch zurück zur Einweihung des Klosters St. Josef. Ich wurde von der Bauherrschaft als Vertreter der Regierung und als Nachbar eingeladen, da wir auf gute Nachbarschaft durch all die Jahre hielten, was sich verschiedentlich bewähren sollte. Ich liess mich vom Regierungsrat ermächtigen, nebst sinnvollen Glückwünschen auch ein hübsches Geschenk überreichen zu dürfen. Es war die schöne Wappenscheibe von Max Brunner, welche in bunten Farben das Wunder der Stadtheiligen St. Urs und Viktor darstellt, welche bekanntlich auf der Aarebrücke enthauptet wurden, den Fluss hinunterschwammen mit den Köpfen unter dem Arm oder in den Händen.

Als ich dieses blanke Geschenk dargebracht hatte, bemerkte der Berater der Klosterfamilie, Dr. Max Gressly, es sei ganz typisch für die Regierung, dass sie mit etwas Kopflosem komme; es war derselbe Advokat, der während Jahren ein Bruderschaftsessen nach dem andern mit seinen witzigen und spritzigen Ansprachen gesalzen und gepfeffert hatte. Der Hieb mit dem Kopflosen sass, und ich suchte zu retten, was zu retten war. Ich stellte fest, man wisse ja, das Kloster St. Josef habe stets fähige Juristen beigezogen, nun hätten sie einen Berater, der sozusagen zu allem fähig sei. Auf jeden Fall war es ein schönes Fest, und mit Freude habe ich später vernommen, dass die Klosterfamilie jeden Tag, wenn ich etwa um 12 Uhr mit dem Auto nach Hause fahre, bete, damit ich gut heimkomme. Das hielt sie so mit allen Wohltätern. Welcher Mensch und welcher Regierungsmann hat es nicht nötig, dass gutgesinnte Menschen seiner im Gebete gedenken?

Zusammensein mit alten Kollegen

Nach einem schönen alten Brauch denkt die Regierung an die ehemaligen Kollegen, die sich ins «Altenteil» zurückgezogen haben. So lädt sie die alten «Mitstreiter» von Zeit zu Zeit zu einem Anlass ein, welcher der Pflege und Erneuerung der Kameradschaft dienen soll – gleich wie eine Klassenzusammenkunft. Vor rund 15 Jahren ging es auf die Ruine Dorneck und anschliessend ins Schlossrestaurant mit dem herrlichen Rundblick zur Landskron an der Elsässergrenze und in den Schwarzwald hinein. Damals war es noch ein Männeranlass. Es waren die beiden Wasserämter Oskar und Otto Stampfli von der alten «strammen Garde» mit von der Partie. *Dr. Oskar Stampfli*, ehemaliger Mathematiklehrer und Rektor der «Kanti», mit dem bezeichnenden Beinamen «Pi», und *Otto Stampfli*, der frühere Amtschreiber im Bucheggberg. Der «Pi» – dermalen Erziehungs-, Polizei- und Militär-Direktor, der den Stier bei den Hörnern zu packen pflegte und der im Kantonsrat, oder wo es ihm sonstwo nötig erschien, den Gegner «abstach» mit der blanken Waffe seiner schlagfertigen Rede – und der Otto, der Bau- und Landwirtschafts-Direktor – der tätige Naturfreund und ein gelber «Grüner der ersten Stunde» – der Vater der Solothurnischen Jura-Schutzzone, der im Laufe der Jahre über tausendmal auf seinen Berg, den Weissenstein, wanderte.

Drei gute, alte Kollegen, von links: Hans Erzer, Werner Vogt und Franz Josef Jeger.

Später wurden, wie es sich gehörte, auch die Damen eingeladen im Geiste der Gleichberechtigung. Dem amtierenden Landammann fällt dabei von Amtes wegen – unterstützt vom Staatsschreiber – die Aufgabe zu, die Gäste zu begrüssen und zu betreuen. Im Jahre 1979 war ich an der Reihe, zum letzten Male als aktiver Landammann, des Amtes zu walten und in Kestenholz – nach meinen Notizen – ungefähr folgende «gehaltvolle» Ansprache zu halten:

«Im Paradiese soll es keine Tischreden mehr geben und die Langeweile soll man dort nicht mehr kennen. Aber vorläufig sind wir noch nicht im Himmel droben, sondern im Gäu, und ob alle dort hinauf kommen, kann man nie genau wissen, vor allem bei den Damen nicht. ‹Denn geht es zu des Bösen Haus, die Frau hat tausend Schritt voraus.› Pardon. Aber das ist ein Vers, den ein Mann gedichtet hat, und es ist erst noch nur die Hälfte des Spruches. Nehmt es deshalb nicht schwer, verehrte Damen. Beherzigt viel mehr den Ausspruch unseres gemeinsamen grossen ‹Vetters› *Willi Ritschard,* der uns heute zusammen mit seiner Ehefrau durch seine Anwesenheit erfreut: «Was mir am besten gefällt an meinen früheren Regierungskollegen und überhaupt an den Männern, sind ihre Frauen.»

Mit Franz Josef Jeger

Wir wissen und spüren es: «Flüchtig verrinnen die Jahre»! *Franz Josef Jeger* und ich sind am 1. August 1961 angetreten im Rathaus. Und schon am ersten Tag seiner Amtstätigkeit ist dem Franz Josef etwas gelungen, das mancher Regierungsrat und Manager selten oder nie schafft: Nämlich etwas mit Händen und Füssen, denn just an jenem 1. August bekam er – besser gesagt seine Gattin – einen Sohn, der nun bald 19 Lenze zählt. Mancher ist weiter gezogen, Kollege *Gottfried Klaus* im Sommer 1963 auf tragische Weise. Er mied als Autofahrer die Autobahn, aber nicht sein Schicksal. Er wurde gleichwohl Opfer eines Verkehrsunfalls, an dem er keine Schuld trug. – Keiner weiss die Stunde!

Unser *Urs Dietschi* geniesst seit 1966 seinen Ruhestand. Ich habe ihn anfangs 1967 im «Wallierhof» als Präsidenten der Bauernschule verabschiedet. Er war immerdar unentwegt der Mann mit dem hohen Gedankenflug, der Mann mit dem warmen Herzen, ein liberaler Nonkonformist, Idealist, Ideologe. Die verflixte Verwaltungstätigkeit und Routine waren ihm ein Greuel. Er trug formelle Vorwürfe der formstrengeren Kollegen mit Geduld und Würde: «Ich bin dir dankbar für die Kritik, mir sie doch keini Fraue – unter eus gseit.» –

Eine seiner grossen Reden, die den ganzen Urs Dietschi zeigten, war die Trauerrede für Gottfried Klaus. Daraus zitiere ich wörtlich: «Wir hatten gelegentlich in der politischen Kampfzeit stärkere Auseinandersetzungen, als sie in den besten Familien vorkommen. Doch immer haben wir uns auf der höheren Ebene unserer gemeinsamen vaterländischen Pflichten die Hand gereicht.» Als sich die politischen Spannungen gelegt hatten und das natürliche Zusammenspiel der Kräfte wieder eingekehrt war, hub immer mehr ein frohgemutes, ja übermütiges Regieren an. Und immer war es Gottfried Klaus, der am Ende einer Sitzung sprach: «Auch unsere Frauen werden ihre helle Freude daran haben, wenn wir ihnen zum Mittagessen die gefallenen Spässe zum besten geben.» So war Urs Dietschi. Er sah das Licht, die guten Seiten der Dinge. «Nehmt alles nur in allem.»

Dann ist ein gar lieber Geselle in den Ruhestand getreten – oder in den Wohnwagen gezogen. Werner Vogt – ihm geht es gut, wie Figura zeigt. Bei seinem Abschied sind wir ja nochmals in den Steinhof in die Schulstube gegangen, wo er vor manchem Jahrzehnt als Lehrer begonnen hatte – dann über Bern zur Burgunderbeute-Ausstellung nach Merligen. Es war ein herrlicher Tag. Ich habe ihm als Landammann für die Kameradschaft gedankt und ihm zu seinem Glück zu Hause in Grenchen, Solothurn und Bern gratuliert. Er ist ein Glückspilz – er weiss es – und ist froh darüber. Von ihm sei hier der Spruch erwähnt: «Lueg, das isch so kompliziert, wie wetsch du das verschtoh, i verschtohs jo chum.»

Dann ist der Franz Josef Jeger ausgetreten. Vorbildlich sein Eifer, sein Pflichtbewusstsein. Er hat viel für die Justiz getan und für die Polizei auch, aber ausgesprochen war sein Wandertrieb als Militärdirektor. Nicht vergebens haben alle Schulen das Standardlied «Jegerli, Jegerli lauf» in ihrem Repertoire gehabt. Ich habe es selber erlebt – bei einer Buseinweihung im äusseren Wasseramt, in Aeschi. – Dr. Säli von Arx, Präsident des Busbetriebes, sagte verwundert: «Überall Jägerlieder – worum au? Das isch nit dr Jeger – dasch dr Erzer, dr ander isch der Schwärzer.»

Dann ist der grosse Ritschard Willu ausgezogen, nicht um das Fürchten zu lernen, wie jener im Märchen, sondern um das Bundeshaus, die Deutschschweizer und die Welschen zu erobern. Als ich ihn 1974 im Kantonsrat als Landammann verabschieden durfte oder musste, habe ich mit Erfolg Willi Ritschard zitiert unter Quellenangabe: «Keiner wird grösser, indem er die andern kleiner macht.» Alt Staatsschreiber Josef Schmid war am Schalthebel der Macht, wirksam im Rate, in der Kanzlei und hat vor allem für eine ganz treffliche Bibliothek im Rathauskeller den Grundstein gelegt – flüssige Weisheit, Wahrheit in Flaschen. Manche Stunde der Fröhlichkeit haben wir im tiefen Keller hauptsächlich ihm zu verdanken. Er hat sich gut umgestellt auf Velofahren und Fischen, das hält jung. Alles Gute.

Klage um Fredys Abreise
«Jetzt wäri fertig mit der Tour,
doch my Härz isch voller Trur,
will in churzer Zyt verloht
dr Chlinschti dr Regierigsrot.
Au dr Gröschti isch scho gange,
die Mittelgrosse blibe hange!»

Heute Mittag gehen wir auf die Bechburg in Oensingen. Wie haben die Schlossherren gelebt? Sicher primitiver als heute der durchschnittliche Bürger – ohne Strom und anderen uns unentbehrlichen Komfort, man wusste nichts anderes. Von einem Familienfest von Patriziern haben wir Kenntnis, von einem Fest der Familie vom Staal im Dreissigjährigen Krieg. Ich las vor aus dem Aufsatz von Alfred Hartmann von 1861. Ein Familienfest auf Falkenstein (Balsthal Richtung Holderbank, s. Seite 79).

Sie haben damals recht getafelt, aber auch schwere Sorgen gehabt in den gefahrvollen Zeiten der Reisläuferei, wo Blut und Leben als Ware ins Ausland verkauft wurden. Das waren die Fremdarbeiter von Anno dazumal – in der wenig guten «guten alten Zeit».

Doch zurück, liebe Freunde und Gäste, zum heutigen Tage der Freundschaft und Geselligkeit, der uns allen gut tun wird. Wir «Atkiven» wollen uns alle den ebenso zutreffenden wie witzigen (leicht veränderten) Weisheitsspruch des unvergleichlichen Erich Kästner zu Herzen nehmen, uns ein Stück davon abschneiden und auf den Hut stecken, der lautet:

> «Wie hinter fortgewehten Hüten,
> so jagen wir ‹Terminen› nach.
> Vor lauter Hast und Arbeitswüten
> liegt unser Innenleben brach.
> Wir tragen Stoppuhr'n in den Westen
> und gurgeln mit Kaffee.
> Wir hetzen von Geschäft zu Festen
> und denken stets in «Exposés».
> Wir rechnen in der Arbeitspause
> und rauchen 15 per Termin
> und kommen meistens nur nach Hause,
> um neue Wäsche anzuziehen.
> Wir sind tagaus und -ein im Traben
> und sitzen kaum beim Essen still.
> Wir merken, dass wir Herzen haben,
> erst wenn die Pumpe nicht mehr will.
> Wir Idioten» – Pardon!

Vom Leben auf Neu-Falkenstein

Junker Hans Jakob vom Staal berichtete, nach Alfred Hartmann: «Im Herbst des 1635sten Jahres ward mein Bruder Victor vom Staal zu einem Vogt nach Falkenstein ernamset. Am nächstfolgenden Lichtmess erhielt von demselben freundliche Botschaft, dass er nebst meiner auch unsere andern Geschwister so wie nicht minder die Angesehensten der Verwandtschaft und Freundschaft zu einem Feste lade. Und hatte der Vogt zu Falkenstein aparte um uns wohl zu bewirthen, etliche Tage zuvor eine Schweinejagd anstellen lassen, und war dabei eine schwere Wildsau glücklich erleget worden. Deren Keulen, wohl gewürzt und gebraten, dufteten jetzt von der mit zierlich gewirktem Linnen gedeckten Tafel her gar angenehm in unsere Nasen. Und war der Tisch ansonsten noch mit verschiedenem Wildpret, Fisch, auch Pasteten und allerlei Backwerk wohl besetzt, so viel er dessen tragen mochte. Als die Nacht einbrach und die Ampeln angezündet wurden, ward gerade der Nachtisch aufgetragen, so aus feinem gedörrten Obste, aus Nüssen und Mandeln, auch aus levantischen Feigen und Weinbeeren bestand; und waren auch – insbesondere – für das Weibsvolk, etliche Plättlein Zuckerzeug dabei, so die Klosternonnen Visitationis in Solothurn gar wohl zu bereiten verstehen. Dazu wurde süsser

Muskatellerwein, auch Malvasier herumgeboten, was zur Erhöhung allgemeiner Fröhlichkeit ein Namhaftes beitrug. Da nun gar vom Vorsaale her der Dorfgeiger sich hören liess, war das junge Volk nicht mehr zu halten, sprang stürmisch von seinen Sitzen auf und begab sich inhaus, nach geschehener Ersättigung dem Tanzvergüngen obzuliegen. Wir andern gesatzlichen Männer jedoch rückten dannzumalen mit den Stühlen näher zusammen, massen uns bei sothanen gefährlichen Zeitläufen gar manches schwer auf dem Herzen lag, worüber uns zu consultieren die verwandtschaftliche Gasterei mehrenteils veranstaltet worden. Als nun Schwager Hauptmann Grimm, so indessen im Vorsaal des Tanzes sich beflissen, herein trat und den gefüllten Becher auf das Wohl seines Kriegsherren, Ludwigs XIII. Majestät, hoch empor hielt, so verblieb an der Tafel alles stumm und keiner that Bescheid. Und rief uns darauf spöttisch zu: «Euch haben, wie's scheint, die Pfaffen herumgebracht!» trank dann den Becher aus bis zur Nagelprobe und fügete seiner Rede nicht ohne höhnisches Lachen bei: «Meinetwegen! Alldieweilen und so lange aber des Königs Geld noch rollet, so lange trag' ich des Königs Rock!»

Und war über dem Allem ordentlich spät geworden und kam die Stunde, da es an der Zeit, sich zur Ruhe zu legen, massen des Weines Schwere mehr als einem der Gäste sich auf Zunge und Augenlied gelagert. Für die Weibsame hatte unsre sorgliche Wirthin in Stuben und Kammern aus dem keineswegs spärlichen Vorrath ihrer Federbetten gute Lager zurecht gemacht; wir andern Männer aber blieben im Saal, da dann einer nach dem andern der Weinkanne Valet sagend sich in seinen Mantel hüllte und auf eine Bank oder die am Boden ausgebreiteten Strohmatten ausstreckte, sein gut Gewissen ihm als Kopfkissen dienend.

Andern Morgens, nachdem zuvor Männlein und Weiblein an einer süssen Weinsuppe sich erwärmet und erlabet, auch nachdem männiglich dem Vogt zu Falkenstein und seiner Hausfrau für freundliche und splendide Bewirthung den gebührenden Dank erstattet, brachen sämmtliche Gäste auf, um sich nach Hause zu begeben. Etwelche derselben, so nach Basel tendierten, gaben der Kutsche des Komkustos (später Bischof von Basel) das Geleit.»

Auf Besuch bei den 100jährigen

Seit langer Zeit pflegt der Regierungsrat den schönen Brauch, den 100jährigen durch den amtierenden Landammann, begleitet durch den Staatsschreiber und den Weibel im Ornat, einen Besuch abzustatten, ihnen Glück zu wünschen und ein Geschenk zu überbringen. Den Geehrten steht das Recht zu, einen Sessel oder nach ihrer Wahl ein gleichwertiges Geschenk in Empfang zu nehmen. Der Sessel ist sehr beliebt, wiewohl die Gefeierten selten der Meinung sein dürften, noch lange Zeit im Sessel auf den Aufbruch zur letzten Reise warten zu dürfen oder zu müssen – wie sie es auffassen.

Dieses Geschenk wird in der Familie in Ehren gehalten und noch lange an den 100jährigen Grossätti oder ans Grossmüetti erinnern. Ich hatte etwa ein halbes Dutzend 100jährige in meinen vier Landammannjahren im Laufe der Zeit zu betreuen und sie auch bei spätern Geburtstagen wieder zu besuchen. Es waren alles Damen, die mir «zufielen». Pro Jahr werden rund vier Einwohner gefeiert, gleichgültig ob Inländer oder Ausländer. Es versteht sich, dass die alten Leutchen jeweils etwas aufgeregt waren wegen des angekündigten Besuchs aus der Hauptstadt, aber schliesslich waren die Angehörigen zu dieser würdigen und seltenen Familienfeier und auch die Vertreter der Gemeindebehörde zugegen.

Besuch bei den 100jährigen: Standesweibel Max Steiner bläst die «Silberfäden». Weiter von links: der verstorbene Dornacher Gemeindeammann Max Gerber, Gemeindeschreiber Charles Vuattoux, Landammann Hans Erzer mit Frau Denzler und Staatsschreiber Max Egger.

Erinnerungen an Dornach

Drei Dornacher Witwen habe ich die Grüsse und Glückwünsche überbringen dürfen. Man sieht wieder einmal: Dornach ist die gesegnete Riviera unseres Kantons. Mit allen drei Familien war ich aus meiner Dornacher Jugendzeit gut bekannt. Eine dieser meiner «Schützlinge» ist mit 104 Jahren seinerzeit die älteste Einwohnerin des Kantons geworden. Sie war im ganzen «Brüggli» (Dornach-Brugg) bekannt als gute treue Seele, die sich noch erinnern konnte, wie meine Mutter mich im «Chinge-Wägeli» spazieren geführt habe, erzählte sie. Ich war als «Nummer neun» in der Familie das Schlusslicht, wie man zu sagen pflegt. Zwei ältere Brüderlein waren als Kleinkinder gestorben. Einer hiess Johann und der andere Josef, deshalb wurde mir der bemerkenswerte Name Johann Josef zugeteilt. Ich sei ein schönes Chingli gewesen, erzählte das alte Mütterlein. Dazu soll eines meiner ältern Geschwister eine andere Meinung gehabt haben: «Dä hett jo roti Hoor und heisst no Hans», meinte es sehr kritisch.

«Chömmed numme wieder, Herr Regieriger»

Wenn gegen Ende des Besuches der Weibel seine Trompete hervorzauberte und die «Silberfäden mehr bedeuten...» zu spielen begann – hervorragend und mit Gefühl – dann rannen die Tränen über die Wangen und «es war ja so schön». Eine jüngere Schwester des besagten Mütterleins – immerhin auch recht stark an der neunziger Grenze – konnte noch ein ellenlanges Gedicht fehlerfrei zur Feier des Tages auswendig vortragen. Bald ging es wieder über den Berg mit einem «auf Wiedersehen» zum Abschied. Kollege Dr. Franz Josef Jeger hatte ebenfalls mehrmals eine alte Dame in «Hobel» (Hochwald) auf dem Dorneckberg zu besuchen. Als er sich verabschiedete, sagte er: «Also Frau Schäfer, das nächste Jahr wieder zur gleichen Zeit.» Da antwortete die rund 102jährige: «Jo, Herr Regieriger, wenn Dir's erläbet, chömed numme.»

Von Fürsten, Meisterkühen
und gastfreundlichen Bayern

Reisen ist heute modern, alles reist und will die Welt sehen: Was bleibt aber von einer Reise zurück, wenn die Kosten beglichen, die Koffer versorgt und allfällige Beschwerden in Bauch und Gliedern abgeklungen sind? Ein Gesamteindruck und einige spezielle Erinnerungen, vielleicht einige Fotos oder ein selbstgemachter Film, den unsere Freunde und guten Bekannten mit geheucheltem oder tatsächlichem Interesse bestaunen dürfen oder müssen. Kurz zusammengefasst: «Es war wunderbar, prachtvoll, ein Volltreffer.» Oder: «Es lohnte sich nicht... – nie wieder – ausser Spesen nichts gewesen...» Aber ja nicht anmerken lassen, dass es ein Reinfall war, sonst haben sie noch die Schadenfreude über den Ärger. So war, so ist es, auch wenn Regierungsräte mit den Kollegen aus andern Kantonen unterwegs sind. Manchmal klappt es, manchmal auch nicht, und auch hier gilt, dass kritisieren leichter ist als besser machen.

Im Fürstentum Liechtenstein

Einige Erlebnisse, die mir bemerkenswert erscheinen, will ich bei meinem Rückblick auf 20 Jahre Regierungsratszeit erzählen. Dabei sollte jedoch nicht der Eindruck entstehen, dass Direktorenkonferenzen eine Art von Reisegesellschaften sind, denn diese Ausflüge liegen viele Jahre auseinander; sie werden hier wie in einem «Zeitraffer» aneinandergereiht. Wenn alte Kollegen abgetreten und neue in stattlicher Zahl aufgetreten waren, kam die Zeit, sich näher kennenzulernen und sich kameradschaftlich näherzukommen. Diesem Zwecke dienen die jährlichen Jahresversammlungen, die in den verschiedenen Kantonen stattfinden, und etwa alle vier Jahre eine mehrtägige Reise ins Ausland, wobei das Angenehme in gewohnter Weise mit dem Nützlichen verbunden wird.

So besuchten die kantonalen Landwirtschaftsdirektoren vor rund zwölf Jahren das Fürstentum Liechtenstein, dessen zuständiger Volkswirtschaftsdirektor Mitglied unserer Konferenz war. Es wurde uns eine gross angelegte und eindrucksvolle Sanierung und Aufwertung im Berggebiet gezeigt, die neben der üblichen Erstellung von Alpwegen und Wasserversorgungen die Erschliessung des beträchtlichen Erholungsgebietes mit Skiliften, Gastbetrieben und anderen dem Fremdenverkehr dienenden Anlagen umfasste. Alles schien die grosszügige Handschrift des Fürsten zu zeigen. In Liechtenstein waren wir auf Schloss Vaduz als Gäste vom Landesfürsten zu einem Empfang in Anwesenheit des eidgenössischen Volkswirtschaftsdirektors eingeladen. Als Präsident der Landwirtschaftsdirektorenkonferenz hatte ich zu danken und dem Fürsten ein Präsent – einen meines Erachtens hübschen Krug mit dem Emmentaler Muster – zu überreichen. Allein – ich bemerkte, dass Seine Durchlaucht bemerkte, dass dieses Geschenk weder Prozellan aus der Manufaktur von «Meissen» noch von «Augarten» war, sondern eben Emmitaler Handarbeit aus Steingut.

Wie üblich stand man in Gruppen zusammen – in der prächtigen Halle – und suchte nach Gesprächsstoff, mit dem Glas in der Hand. Seine fürstliche

Die Landwirtschaftsdirektoren im Fürstentum Liechtenstein, von links: Bundesrat Ernst Brugger, Regierungsrat Hans Erzer und Fürst Franz Josef von Liechtenstein.

Durchlaucht kam dabei mit einem strammen ehemaligen Milizobersten und leidenschaftlichen Viehzüchter von der einen Seite des Klausenpasses in ein Gespräch, das damals die Gemüter der Fachleute bewegte, nämlich die künstliche Besamung beim Rindergeschlecht. Es war derselbe Landwirtschaftsdirektor, der heiratslustige Kühe im Falle des Falles von der Alp im Transportlift zum Gatten schickte und wieder retour auf die Alp. Der Fürst trat für den Fortschritt ein, da man in Zuchtfragen mit der Zeit gehen müsse. «Aber Herr Fürst, die schönen alten Bräuche, ...» sagte der stramme Regierungsmann und verglich im Eifer des Gesprächs die Fortpflanzung beim Rindvieh mit derjenigen des Menschengeschlechts – auch des blaublütigen – in einer bunten und blumigen Sprache, dass sich meine Feder sträubt, ins Detail zu gehen. Dieses Gespräch machte in der schönen Halle sofort die Runde und man fand, dass der eifrige Gast zwar deutlich, aber nicht diplomatisch geredet habe. Diplomatie besteht bekanntlich zu einem guten Teil darin, beim Reden seine Gedanken zu verbergen, was eben nicht jedermanns Sache ist.

In Bayern

Ende der siebziger Jahre unternahmen die Landwirtschaftsdirektoren unter dem neuen Präsidenten, dem Berner Regierungsrat Ernst Blaser, eine Studienreise durch den Freistaat Bayern, die alles in allem trotz des frostigen Wetters gut gelang und viel Sehenswertes bot. Man besuchte die Landesanstalt für

84

Bodenkultur in Weihenstephan, wo man uns Versuche mit ergiebigeren Getreidesorten und mit weniger krankheitsanfälligen Knollengewächsen, insbesondere mit Kartoffelsorten, erklärte. Um die Sache mit dem Gemüse etwas aufzulockern, zitierte der Demonstrationsleiter einen wehmutsvollen Vers von Wilhelm Busch, dem humorvollsten und standhaften Junggesellen:

> Selig sind die Auserwählten
> Die sich liebten und vermählten;
> Denn sie tragen hübsche Früchte,
> Und so wuchert die Geschichte,
> Sichtbarlich von Ort zu Ort.
>
> Doch die braven Junggesellen,
> Jungfern ohne Ehestellen,
> Welche ohne Leibeserben,
> So als Blattgemüse sterben,
> Pflanzen sich durch Knollen fort.

Auch der Meisterkuh Bayerns im Betrieb Lettmayr wurde eine Aufwartung gemacht und ihre enorme Milchleistung bestaunt (10 000 Liter im Jahr bei einem durchschnittlichen Milchertrag von etwa der Hälfte für eine landesübliche Kuh). Aber diese hochprämierte und reichlich belobigte Dame war durch die herumstehenden, angereisten «hohen Tiere» keineswegs beeindruckt. Der Vater dieser Meisterkuh oder ihr Gatte war ein Schweizer namens «Älpler», den sie freilich nach den neuen Bräuchen nie getroffen hat.
Bei der Busfahrt durch das Land zeigte uns der Reiseleiter eine grosszügige Gesamtmelioration im Gebiete des Nördlinger Rieds und später bei der Fahrt nach München auf einer Hügelkette ein Dorf, wo der spätere Gründer der anthroposophischen Gesellschaft und Erbauer des Goetheanums in Dornach, Dr. Rudolf Steiner, vor dem Ersten Weltkrieg gewirkt haben soll. Dieser spätere Gründer der Waldorfschulen und Förderer der biologisch-dynamischen Düngmethode sei in gewissem Sinne einer der Väter der heutigen «grünen Bewegung», die eine Rückkehr zur Natur wolle. Diese Probleme gingen auf den Idealisten Rousseau zurück, der sich bekanntlich in Gegensatz zum Realisten und Verstandesmenschen Voltaire gestellt habe. Das Rad der Zeit drehe sich eben stets weiter, bis es eine ganze Umdrehung gemacht habe und weiterlaufe, sagte gedankenschwer der bayrische Ministerialrat ins Bus-Mikrophon.

Im bayrischen Landtag – Anno dazumal

Aber auch das Fröhliche kam nicht zu kurz. In der grossen Hofkellerei in Würzburg hat man uns in grosszügiger Weise «im tiefen Keller» eine Degustation von zwölf weissen Frankenweinen geboten. Wir haben diese lieblich mundenden, «süffigen» Weine aus dem Frankenland mit Behagen und Vorsicht genossen. Bei einer solchen Weinprobe ist es üblich, dass ein jeder Wein belobigt wird. Dabei erzählt der Zeremonienmeister in gewandter Art Anekdoten, die sich nicht nur auf den Wein beschränken. Es stieg auch eine Geschichte über eine Landtagsdebatte um die Jahrhundertwende, wo es um ein heute noch aktuelles Thema ging, nämlich um die gerechte Entlöhnung der Frauen. Dort soll sich ein Redner gegen den gleichen Lohn von Männern und Frauen gewandt haben mit einer Begründung, die im tiefen Keller lustig tönte und auch so zu verstehen war. «Die Frauen», sagte der Parlamentarier Anno dazumal, «haben weniger Auslagen, sie trinken nicht, sie rauchen nicht, und Frauen sind sie selber.» Dazu möchte ich keinen andern Kommentar geben als das, was der bayrische Ministerialrat im Bus sagte über den Wandel der Zeiten und Sitten.

Der ungeliebte Perimeter –
«ein Werk des Teufels»!

Was, Sie wissen nicht, was ein Perimeter ist? Sie brauchen sich dessen nicht zu schämen, Sie glücklicher Mensch! Freuen Sie sich vielmehr und vermeiden Sie wenn immer möglich, einem solchen Erdbeben beizuwohnen. Aber rechnen Sie damit, falls Sie Haus- und Grundeigentümer sind, dass diese kleine Katastrophe zu Ihnen kommt und Sie erwischt.

Ich persönlich kenne diese Ausgeburt der Hölle zur Genüge, diesen Plagegeist. Bei der Einweihung der «Rankwoog-Brücke», welche zwischen Olten und Winznau die Aare überquert, habe ich ihn Anno 1966 verflucht, diesen Perimeter. Etwa mit folgenden Worten: «Von allen Arten des Meters ist der Perimeter der unpopulärste.» Der Mann, der das Metermass erdacht hat, der französische Mathematiker Maupertuis, ist weltbekannt geworden. Und der alte Fritz hat ihn nach Potsdam eingeladen; er liegt übrigens in Dornach begraben (nicht der alte Fritze, sondern der andere), wie eine Tafel in der alten Kirche (Heimatmuseum) beweist. Auch an die Schöpfer des Thermometers oder des Barometers denkt die Menschheit sicherlich in Dankbarkeit und Hochachtung. Der Erfinder des Perimeters aber ist unbekannt. Ihn hat der Teufel geholt oder soll ihn holen. Doch zur Sache: Der besagte Perimeter legt Lasten und Abgaben fest, die jemand zu leisten hat, dem man speziellen Vorteil und Nutzen andichtet, die er aus einem öffentlichen Werk ziehen soll, das eben erst vollendet worden ist. Das stimmt traurig und ist es auch. Spass daran haben nur jene, die ungeschoren davonkommen und sich der ehrlichsten aller Freuden, nämlich der Schadenfreude, genüsslich hingeben. Was zum Teufel hat der pflichtige Grundeigentümer für einen Vorteil vom Ausbau einer Strasse, die ihm nur Lärm und lästigen Strassenverkehr bringt und an welche der Hinterlieger nichts zu leisten hat? Oder was profitiert etwa eine Gemeinde, der man zumutet, an einen dem regionalen oder überregionalen Verkehr offenstehenden Brückenbau Moneten zu blechen? Meistens aber sollen die Grundeigentümer zahlen, und das tut bekanntlich immer weh, denn auch wer hat, nimmt lieber, als er gibt. Wenn die Bibel sagt, dass Geben seliger mache als Nehmen, ist und bleibt dies Ansichtssache.

Als Ammann der jahrzehntelang an der steuerlichen Goldküste gelegenen stattlichen Lüsseltaler Gemeinde Breitenbach wollte ich einst die verrückte Idee durchsetzen, das bestehende rechtskräftige Baureglement anzuwenden und die betroffenen Grundeigentümer formgerecht zu einem Perimeterbeitrag von zehn Prozent (glaube ich) zu verknurren an die Baukosten der im Laufe der letzten Jahre zeitgemäss ausgebauten und staubfrei gemachten Strassen. Das erschien den Leuten als eine Frechheit. Es war nicht gerade ein Bad in den «Wellen der Volksgunst», als ich etwa 80 bis 100 erzürnten Grundeigentümern gegenüber sass, die anstelle der fraglichen Strassenbaukosten lieber mich – den Ammann – «aufgeteilt» hätten – mich – diese Unperson und diesen Paragraphenfresser. Aber ich war schliesslich noch einmal davongekommen, und man fand einen Kompromiss – man halbierte nämlich die Unzufriedenheit. Und alle diese geplagten Grundeigentümer waren zufrieden, als ich über den Berg nach Solothurn verschwand ins Rathaus an der Eselsgasse. Nun, ein Perimeter

für eine Strasse lässt sich noch abgrenzen nach Strich und Faden und mit Zirkel und Metermass, aber wie soll man einen Brückenperimeter einigermassen logisch und gerecht festlegen, wo liegt das wirkliche und nach sachlichen Gesichtspunkten messbare und wägbare Interesse im konkreten Fall? Was in aller Welt hatte zum Beispiel die Gemeinde Fulenbach zu tun mit der Rankwoogbrücke, über die kaum eine Seele nach Fulenbach reiste, was konnte dieser Ort dafür, dass er in der «Amtei Olten/Gösgen» lag, die als Perimeterkreis vom Regierungsrat festgelegt wurde? Die Sache hatte auch im Kantonsrat ein Nachspiel. Es gab einen «Theaterdonner» in jenen heiligen Hallen.
Immerhin wurde die Brücke in Betrieb gesetzt, und sie erfüllt ihre Aufgabe. Auf den von Hebelpreisträger Dr. h.c. Albin Fringeli aus Nunningen ausgedachten und von mir vorgeschlagenen Brückenvers verzichtete man. Es ging auch ohne Poesie. Aber man begann sich im Baudepartement Gedanken zu machen über den Brückenperimeter.

Der Neger im Wappen

Weniger Ärger brachte zwei Jahre später, im Jahre 1969, die Festlegung der Gemeindebeiträge für die neue Willihofbrücke im Attisholz, deren Vorgängerin vor rund 100 Jahren von der Zentralbahn auf eigene Kosten als Zubringer zu den Bahnhöfen des Wasseramtes – gewissermassen als Kundenwerbung – für rund 150 000 (damalige) Franken errichtet worden war – ehrlich! Das waren noch Zeiten! – Kurz und gut, wir hatten uns mit den Gemeinden im festgelegten Perimeterkreis gütlich geeinigt, so dass keine Beschwerde beim Kantonsrat eingereicht wurde. Die stattliche neue Willihofbrücke oberhalb des Kraftwerks Flumenthal konnte deshalb in einer angemessenen, gemütlichen Feier dem Verkehr übergeben. Im «Bad Attisholz» gingen die Wellen der Fröhlichkeit hoch wie bei einem mittleren Hochwasser der vergangenen Zeit – wenn dieser Ausdruck gestattet ist. Ich bat den damaligen Gemeindeammann Hans Wyss von Flumenthal, beim schwarzen Kaffee auch einige Worte beizusteuern, was ihm freilich nicht so recht zu passen schien. Schliesslich erhob er sich und sagte, beim Bau des Kraftwerks Flumenthal habe man – angeblich aus «technischen oder geologischen Gründen» – den Lauf der Aare verlegt, und jetzt bekämen die glücklichen Nachbarn die Steuern des Flusskraftwerkes. Aber beim Brückenperimeter habe man sorgfältig und gewissenhaft an die Gemeinde Flumenthal gedacht und sie belastet für einen Strassenverkehr, der sie nichts angehe und der den andern mehr diene. Die Flumenthaler seien wieder einmal mehr die Neger; aber jetzt wisse man wenigstens, warum die Gemeinde Flumenthal einen rabenschwarzen Mohren im Wappen habe. Eine scharfsinnige, in der Tat zutreffende Bemerkung des Gemeindeoberhauptes, das in seiner Stegreifrede Sinn zeigte für Galgenhumor. Aber im neuen Strassenbauprogramm des Jahres 1972 war der Brückenperimeter ausgetilgt. Das wiederum passte den Standortgemeinden neuer Brücken keineswegs, erschien aber gleichwohl als richtig.

Der Fischer im Bad Attisholz

Im schönen Bad Attisholz hatte ich Ende Februar 1981, also kurz vor meinem Rücktritt nach 20 Jahren Regierungswürden und Regierungsbürden, dem Schweizerischen Schuhhändlerverband die Grüsse des Regierungsrates zu

überbringen. Tagesreferent war der bestbekannte Direktor des schweizerischen Gewerbeverbandes, Nationalrat Otto Fischer, der in seinem Vortrag gross in Fahrt kam. Es war ein Vergnügen, diesem rednerischen Feuerwerk zuzuhören. Hier sprach ein Mann mit eindeutigen Worten und verständlicher Ausdrucksweise. Sein Thema war einmal mehr die Geldverschwendung der öffentlichen Hände, das Anschwellen der Verwaltung, mit einem Wort: das Gesetz des Herrn Parkinson, ein Thema, das er mit lebendigen Variationen – meistens in Dur – vorzutragen verstand. Er vergass auch mich nicht und sagte in schalkhafter Weise, ich sei sicher ein gewissenhafter und eifriger Baudirektor, der ganz gewiss gerne breite Strassen baue oder stattliche Verwaltungsbauten und noch andere Dinge tue, die man lieber und besser unterliesse. Er sagte dies lachend und witzig, dass man ihm nicht böse sein konnte, denn Otto Fischer hatte Humor. Schliesslich muss es ja auch solche Käuze geben, und es hat nicht wenige Leute, die meinen, das er zudem recht hat. In meiner Begrüssungsadresse machte ich ihn darauf aufmerksam, dass nicht alles, was finanziell rentiere, aus diesem Grunde auch gut, nützlich und lobenswert sei und dass im weitern nicht alles unnütz und überflüssig sei, was keinen materiellen Nutzen – in Franken und Rappen ausgedrückt – bringe. Ich könne dies gerade von hier – vom Bad Attisholz aus – gut vor Augen führen. So habe man in jahrelanger Arbeit die ganz in der Nähe vorbeifliessende, stattliche Aare in der II. Juragewässerkorrektion gezähmt. In einem Gemeinschaftswerk der fünf Juragewässerkantone – mit einem namhaften Bundesbeitrag. Sogar die Naturschutzleute und die Fischer seien zufrieden, was immerhin etwas heisse. Es sei eine ansehnliche Erholungslandschaft entstanden, und die schöne Aare sei erst dadurch dem Publikum zugänglich gemacht worden. Ausserdem habe man sozusagen gleichzeitig – mit einem grossen Einsatz der öffentlichen Hände und des betroffenen Industrieunternehmens im Attisholz – das Wasser der Aare wieder sauber gemacht, so dass es eine Freude sein müsse, in dieser herrlichen Flusslandschaft ein Vogel oder ein Fischer zu sein. Übrigens hätten die aufbegehrenden Fischer durch ihr «Tun und Wesen» ihren Teil zur förderlichen Erledigung beigetragen, womit sie Dank verdienten. Es liege offenbar am Namen «Fischer», dass man auflüpfig sei, was sichtlich auch bei Nationalrat Otto zutreffe. Worauf Otto Fischer lachend antwortete: «Einverstanden, man hat das Geld schon dümmer ausgegeben als für die II. Juragewässerkorrektur und für den Gewässerschutz.»
Nebenbei bemerkt, den Fischern mit der Rute und den Angeln pressierte es in Naturschutzfragen damals nach dem altbewährten Grundsatz: «Je nachdem...» das heisst, wenn und soweit sie selber interessiert waren. Sonst ging es nach der anderen ebenfalls bekannten gängigen Devise: «Mir wei luege... wie im Baselbiet». So dauerte der «folgenschwere» bemerkenswerte Streit zwischen den Fischereigewaltigen der Kantone Aargau und Solothurn mindestens ebensolange wie die Abwassersanierung der Aare. Aber endlich war es doch soweit, dass die beiden Oberfischer (Finanzdirektoren) im Einvernehmen mit ihren «Petri-Heil-Männern» sich darüber einigen konnten, ob die Forellen mit 26 cm oder 28 cm Länge von der «Schnauze bis zum Schwanze» als fischbar und fangreif gelten sollten. Man fand sich schliesslich und endlich zu einer Lösung und wohl auch zu einem Fischessen, was wir ihnen im Falle des Falles herzlich gönnen würden. Wir sind ja keine neidischen Gartenzwerge.

Der Ärger nach der Juragewässerkorrektion

Aber es gab nicht nur fröhliche Gesichter! Nach alten solothurnischen Bräuchen und nach dem Volksbeschluss über die II. Juragewässerkorrektion vom März 1961 war wieder einmal – gewissermassen als «ungemütlicher» Abschluss – ein Kostenverteiler – eben ein «Perimeterplan» – fällig, was von den betroffenen 14 Gemeinden mit verständlichem Heulen und Wehklagen aufgenommen wurde. Es waren nämlich 20 % des massgebenden solothurnischen Baukostenanteils von rund 22 Mio., also rund 4,4 Mio. Franken, den Gemeinden zu belasten, entsprechend Interesse, Finanzkraft, Anstosslänge und anderen Gesichtspunkten. Das Baudepartement war nach Volksbeschluss verknurrt, diesen Perimeter auszuarbeiten und aufzulegen, worauf der Rekurs an das Obergericht möglich war. Es erschien als zweckmässig, durch den Regierungsrat eine Arbeitsgruppe von «gewagleten» Männern einzusetzen, die durch kompetente Chefbeamte des Wasserbaus, des Meliorationswesens und der Finanzen unterstützt wurden. Den Vorsitz führte der damalige Präsident der Vereinigung der Solothurnischen Einwohnergemeinden, Gemeindeammann und Nationalrat Dr. Franz Eng (Günsberg). Er unterzog sich zu meiner Verwunderung und Genugtuung dieser Aufgabe, obschon ich ihn darauf aufmerksam gemacht hatte, dass es einen «heissen Lauf» geben könnte; aber Franz war sich seiner Sache sicher! Mit grossem Eifer bearbeitete dieser Arbeitsausschuss die umfangreichen Unterlagen, die ein unabhängiges und fachkundiges ausserkantonales technisches Büro erstellt hatte. Nach einem Jahr konnte deshalb das Baudepartement, gemäss dem Vorschlag dieser Arbeitsgruppe, den Perimeterplan formgerecht auflegen. Es gingen sieben Einsprachen ein, die einer weitern vom Kantonsrat im Oktober 1975, gemäss Volksbeschluss von 1961 gewählten Kommission von «sieben Weisen» vorgelegt wurden, die sich mit der Festsetzung der Kostenanteile der Gemeinden an der II. Juragewässerkorrektion zu befassen hatte. Unter dem Vorsitz von alt Nationalrat Josef Grolimund (Erschwil) machte sich die Kommission an die Arbeit, frass sich durch den Aktenberg und verhandelte mit den Gemeinden. Schon im Juli 1976 konnte sie ihren Entscheid fällen und eröffnen. Sämtliche Einsprachen wurden abgewiesen und der Kostenverteilungsplan des Baudepartementes als ausgewogen bezeichnet. Gegen diesen Einspracheentscheid erhoben nur noch zwei Gemeinden Beschwerde beim höchsten kantonalen Gericht. Eine Gemeinde zollte nun offenbar Tribut für die Wachstumseuphorie, die von einer «Satellitenstadt im Westen» ausging. Die Beschwerden wurden fristgerecht Anno 1976 erhoben.

Der Dornröschenschlaf

Seither ist es still und ruhig geworden um diesen stets noch hängigen Perimeterplan. Es herrscht das Schweigen im Walde. Es läuft – für den Aussenstehenden – nichts mehr als die Wartezeit und viel Wasser die Aare hinunter. Die beiden Beschwerden scheinen zu schlafen wie Dornröschen im Märchen. Die Frage ist nur, ob auch hier irgendeinmal ein Prinz kommt und die beiden Beschwerden aufweckt. Der Mensch soll hoffen!

Bei der Korrektion der Oesch konnten die Anliegen des Naturschutzes berücksichtigt werden.

Die Gesamtmelioration an der Oesch

Wer vom Kraftwerk Flumenthal auf dem rechten Aareufer entlang hinunter spaziert, trifft unmittelbar vor dem Autobahnrestaurant auf einen stattlichen Bach, der unter der Autobahn hindurchfliesst. Es handelt sich um den Rusbach, das künstlich erstellte Mündungsstück der Oesch in die Mutter Aare.

Zahlreiche Fluten als Warnzeichen

Die Korrektion der Oesch, die im Bernbiet entspringt und bei Recherswil in den Kanton Solothurn eintritt, hat eine lange Geschichte. Der Wasserlauf gestaltet eine prächtige und malerische Landschaft. Die vielen Arme des Gewässers, das sich wiederholt spaltet und aufteilt, bilden ein idyllisch verschlungenes Bachsystem. Bei Hochwasser jedoch zeigte die Oesch ein anderes Gesicht. Die reizvollen Bächlein verwandelten sich in reissende Flüsse, die vielerorts über die Ufer traten und weite Ebenen des fruchtbaren Landes, aber auch überbaute Gebiete überschwemmten. Vor allem litten die Bauten, die in Missachtung alter Erfahrung in den ehemaligen Wässermatten erstellt worden waren. Im Herbst 1968 überfluteten die wilden Wasser zweimal die Gegend von Oekingen und Subingen und ebenso im Februar 1970. Nachdem in den dreissiger und vierziger Jahren im Oberlauf und im Unterlauf der Bach gebändigt worden war – wobei man naürlich die Gelegenheit für Güterzusammenlegungen benützte – konnte nach mehreren vergeblichen Anläufen die grösste und wichtigste Arbeit die gründliche Sanierung des Mittelstückes begonnen werden. Die Arbeiten dauerten von 1971 bis 1976.

91

Naturschutz berücksichtigt

«Ende gut – alles gut» mit dieser gängigen und tröstlichen Wendung konnte der Bau- und Landwirtschaftsdirektor seine knappe Ansprache an der Oeschfeier abschliessen, die der glücklichen Vollendung der aufwendigen und arbeitsreichen Bemühungen in den Gemeinden Oekingen, Horriwil und Subingen gewidmet war. Hier war ein Gemeinschaftswerk zu Ende geführt worden, das in gutem Zusammenwirken von Bodenverbesserungsgenossenschaften, Gemeinden und Kanton – unter Beihilfe des Bundes – die Hochwassergefahr endgültig bannte. Ohne Zweifel hätten sich die lästigen Überschwemmungen der Keller, Garagen und Wohnräume in den tiefliegenden Gebieten in den letzten regenreichen Jahren noch manchesmal wiederholt und auch der Landwirtschaft gehörigen Schaden zugefügt. Mindestens so bedeutungsvoll für die betroffenen Gemeinden war jedoch, dass nun eine massgebende Grundlage für den Ausbau der Infrastruktur, also der Ortsplanung, der Abwassersanierung, der Trinkwasserversorgung und des erforderlichen Baus von angemessenen Strassen und Wegen geschaffen wurde. Es war wie ein Gemeindeammann mit Recht bemerkte – sozusagen das «Jahrhundertwerk» in den fraglichen Gemeinden entstanden. Es wurden auch die notwendigen Zonen und Flächen für die gedeihliche Entwicklung der Ortschaften (Wohnen, Gewerbe und Industrie sowie vor allem Landwirtschaft) rechtsgültig ausgeschieden.

Nun aber machten sich die aufgeschlossenen Behörden in den drei Gemeinden – im Einvernehmen mit den Stimmbürgern – ans Werk und benützten die gute Gelegenheit um die dringlich erforderlichen Tiefbauaufgaben (Wasserversorgung, Gewässerschutz oder Strassenbau in sinnvoller Weise und mit beträchtlichem Einsatz von Mitteln zu lösen. So sind aus den ehemaligen «Dörflein» neuzeitliche stattliche Ortschaften entstanden, wobei auf das erhaltenswerte Bestehende und Gewachsene liebevollen Rücksicht genommen wurde, wie sich der Besucher dieser Oeschdörfer überzeugen kann. Auch die Hausbesitzer haben in üblicher Weise einen gebührenden Anteil zur Verschönerung des Dorfbildes beigetragen. Bemerkenswert aber ist vor allem, dass hier wohl zum ersten Male in mustergültiger Weise die berechtigten Anliegen eines neuzeitlichen Naturschutzes grosszügig berücksichtigt worden sind, wobei nicht nur die öffentliche Hand und die Flurgenossenschaften, sondern auch private Naturfreunde (Vogelschutz) tätig mitgeholfen haben. Die Behörden trugen einleuchtenden Wünschen aus der Bevölkerung Rechnung. Bei der Uferbepflanzung wurde nicht der wirtschaftliche Nutzen, sondern die Wahl standortgerechter Bäume und Büsche in den Vordergrund gestellt. Im Rahmen eines sogenannten «Pilotprojektes» wurde an der Oesch auch die Jugendarbeitslosigkeit hilfreich angepackt und bekämpft; Jugendliche wurden beim Ausheben eines Weihers – eines Nassbiotopes – eingesetzt, und zwar mit gutem Erfolg. Dass das Wasser zunächst einmal im Untergrund verschwand, lag am durchlässigen Boden und nicht etwa an mangelndem Eifer der Arbeitslosen, die sich tüchtig ins Zeug legten – bis auf einige wenige, die es auch während der Arbeiten vorzogen, aus irgndwelchen Gründen wie bis anhin «arbeitslos» zu bleiben. Offenbar spielten dabei Gründe der «Selbstverwirklichung» eine gewisse Rolle – sagt man.

Die verflixte Million

Kurz und gut, was lange gedauert hatte, war schliesslich und endlich wohlgetan. Auch die Rechnung stimmte letzten Endes; man hatte nicht die volle Teuerung dieser Jahre beanspruchen müssen. Ein Fehler im Reinheft gehörte natürlich auch dazu, denn Musterschüler sind wir alle miteinander nicht, – gottlob – und gewisse Betriebsunfälle machen das Leben ja erst richtig interessant und bieten Stoff für Anekdoten. So war es an der Oesch beispielsweise mit der etwas voreiligen «Siegesmeldung des technischen Generalstabs» der Gesamtmelioration, man werde eine blanke Million einsparen, was die versammelten illustren Gäste – unter ihnen die von Amtes wegen strengen Herren der Staatswirtschaftskommission und auch der Landwirtschaftsdirektor – freudig zur Kenntnis nahmen. Leider stellte sich dann bei genauerem Durchsehen heraus, dass die Million wohl richtig war, dass aber aus dem Plus vor der Zahl ein Minus wurde, dass also eine Million fehlte, was natürlich keine Begeisterungsstürme auszulösen vermochte, sondern im Gegenteil etlichen Ärger und Kummer verursachte und im Kantonsrat zu hörbarem Sausen und Brummen Anlass gab. Zwar war der bewilligte Baukredit bei Berücksichtigung der aufgelaufenen Baukostenteuerung keineswegs überschritten worden. Es blieb sogar rechnerisch noch eine gewisse Reserve. Aber eben: Manchmal ist Schweigen Gold und Reden Leichtmetall, sagt ungefähr der Volksmund.

Mit dem Plus (+) und dem Minus (−), wo der kleine Unterschied ja nur in einem winzigen, senkrechten Strich besteht – der vorhanden ist oder fehlt –, hat man ja in letzter Zeit hin und wieder Überraschungen erlebt, die um ein Wesentliches grösser waren als an der Oesch. Aber die Oesch ist eben auch nur ein kleines Bächlein. Da liegt der grosse Unterschied.

Umweltgerechte Gesamtmelioration

Und hier sind einige Gedanken über ein modernes Bodenverbesserungsunternehmen, im Sinne der grossen Oeschmelioration und ähnlicher Werke, am Platze, die den geneigten Leser interessieren dürften.

Der Aussenstehende kann nicht ahnen, wieviel seriöse Vorbereitung, Geschick, Überzeugungskraft und Mühe erforderlich sind, um zunächst einmal die nach Fläche und Zahl notwendigen Grundeigentümer zu einer Gründung zusammenzubringen; selbst nach dem neuen Baugesetz, das diese für die Raumordnung äusserst wichtigen Vorhaben weiter fördert. Hier zeigt sich der dem Menschen eingeborene Hang, nach seinem richtig oder falsch verstandenen Vorteil zu streben, in anschaulicher Weise. Die Leidenschaften können sich steigern wie in einem der grossen Romane von Jeremias Gotthelf oder in einem «Westernfilm». Da gibt es bisweilen nichts, das es nicht gibt! Darum sind Ausdauer erforderlich sowie der Glaube an die gute Sache und nicht zuletzt eine gute Portion Menschenkenntnis und Taktik. Vorbereitung ist alles! Aber auch die anschliessende Durchführung des Bodenverbesserungswerkes, bei dem unvermeidbar Land weggenommen und neu zugeteilt werden muss, bringt Kopfzerbrechen und verlangt viel Geschick. Niemand darf Schaden leiden und alles will Vorteil haben; eine Sache, die nahezu so schwer ist wie die «Quadratur des Kreises», also wie ein Kreis der viereckig sein soll, was es natürlich nicht gibt. Da hagelt es bisweilen Proteste und Beschwerden. Die zuständigen Aufsichtsorgane haben zum Rechten zu sehen! Allenfalls kommt das hohe Bundesgericht zum Zuge, spricht Recht und teilt Noten aus, denn bekanntlich «hat es noch Richter in Lausanne», wobei auch dieses Gericht trotz des hohen Ansehens, das es mit Recht geniesst, von Juristen und Betroffenen etwa die «Lotterie romande» geheissen wird.

Aber auch die technische und administrative Erledigung solcher Grossunternehmen erfordert guten Willen, Können, viel Geduld und eine bodenständige «Rechtlichkeit», vor allem bei den sehr wichtigen und schwer wiegenden Arbeitsvergebungen.

Gute Unternehmer, die leistungsfähig und erfahren sind, fallen entscheidend ins Gewicht. Das billigste Angebot ist bekanntlich nicht unbedingt das günstigste. In dieser Hinsicht hat die Regierung klare Verhältnisse geschaffen durch die massgebende Submissionsverordnung. Aber auch hier gilt, dass Vertrauen gut und Kontrolle besser ist. Dann sind die zuständigen Organe und Ämter am Zuge. Für eine gerechte Abwicklung der materiellen Fragen haben unabhängige Sachkundige, die nicht nur Experten heissen, sondern auch etwas von der Sache verstehen, ganz erhebliche Bedeutung. Glücklicherweise stehen solche erfahrene Fachleute zur Verfügung. Und bis alle diese Fragen geregelt sind und das Werk abgesegnet ist, vergehen nicht nur Monate, sondern Jahre. Darum ist es verständlich, dass man sich vielerorts sträubt, «an ein solches Erdbeben zu gehen», wie es ein lieber alter Freund vor vielen Jahren trefflich gesagt hat. Welcher Schaden aber aus einem solchen Verhalten entstehen kann, haben wir am Beispiel des Wirbels um den Flugplatz «Kestenholz» erlebt. (Und hoffentlich erleben wir dort nicht noch mehr!)

Wer aber den Mut und die Kraft aufbringt und das Werk einer Gesamtmelioration wagt, hat etwas geleistet, das ihn überdauern wird und weiterlebt, wenn sein Name längst verklungen ist. Und das haben die Gemeinden an der Oesch geschafft!

Baugesetz und Leitbild –
oder damit nicht alles beim alten bleibt

Das Baugesetz von 1978 ist das Ergebnis jahrelangen eifrigen Bemühens um eine zeitgemässe Fassung der baurechtlichen Normen. Es ist zu sehen im Zusammenhang mit den Arbeiten am kantonalen Leitbild der Besiedlung, das im Jahre 1976 vom Regierungsrat beschlossen und vom Kantonsrat zur Kenntnis genommen wurde. Ein erster Entwurf aus der Mitte der siebziger Jahre war naturgemäss stark abhängig vom damaligen beachtlichen Entwurf für ein Bundesgesetz über die Raumplanung. Es war eine Vorlage, die für unsere biederen Verhältnisse und Gedanken zuviel zu erfassen und zu verwirklichen versuchte. Mit der Ablehnung des Bundesgesetzes durch das Volk war auch der Weg frei für ein neues kantonales Baugesetz, das sich weniger auf erhabene Ziele ausrichtete als auf die praktischen Fragen des Alltags im Bauwesen.

Man ging bewusst von idealistischen Vorstellungen ab, die sich gut eigneten für schwungvolle Reden und Artikel, aber weniger dienlich waren im nüchternen Leben der Behörden und Bauherren. Es sollte vor allem eine dringend notwendige Vereinheitlichung des formellen Baurechts, also des Bewilligungsverfahrens, geschaffen werden; auch der Rechtsschutz des Bürgers sollte ausgebaut werden durch die Gewährleistung einer weitgehenden richterlichen Überprüfung der departementalen Entscheide (Verwaltungsgericht als Beschwerdeinstanz). Gleichzeitig sollte der Umweltschutz volle Beachtung erhalten, und auf die Zustimmung der Naturschutzkreise wurde bewusst grösstes Gewicht gelegt. Man beschritt übrigens damit nicht neue Wege, man baute vielmehr – bildlich gesprochen – ein altes Wegrecht nur zeitgemäss aus. Die Bestimmungen des Uferschutzes und der altbewährten Juraschutzverordnung wurden neu gefasst und ein Naturschutzfonds geschaffen, auf dem originelle Weise wesentliche jährliche Einlagen zugeteilt werden. Auch in diesen Fällen wurde der Rechtsschutz für den betroffenen Bürger auf kantonaler Ebene ausgebaut.

Der regierungsrätliche Entwurf an den Kantonsrat wurde von einer kantonsrätlichen Spezialkommission für das Baugesetz und die Anschlussgesetzgebung gründlich, ohne Hast und Eile, zu zweien Malen durchberaten, ebenso das vom Kantonsrat zu erlassende «Kantonale Baureglement» und das «Reglement für Erschliessungsbeiträge und Gebühren für die Gemeinden des Kantons Solothurn». Alle diese schwierigen und schwerwiegenden Normen wurden von der Spezialkommission eingehend bearbeitet, überdacht und im erfreulichen Einvernehmen mit dem Baudepartement bereinigt. Man scheute sich nicht, schwierige Fragen erneut aufzugreifen und gute Gedanken zugunsten besserer Ideen aufzugeben. Grosse Unterstützung fand der Baudirektor im Kommissionspräsidenten Gemeindeammann Alois Zuber, Biberist, welcher mit Ruhe und Umsicht die Verhandlungen leitete. Wo es gegeben schien, wurden neue Wege gesucht und auch gefunden, speziell in der besonders heiklen Frage der Erschliessungsbeiträge der Landwirtschaft. Hier wurde nach langem Ringen mit den äusserst schwierigen Problemen ein origineller Kompromiss erdacht, der in Neuland führte. Es handelte sich hier um eine der

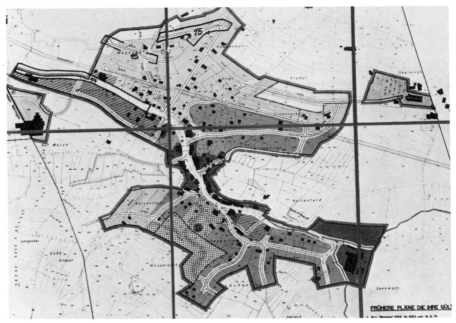

Zonenplan nach § 24ff. des Baugesetzes mit Wohn-, Industrie- und Gewerbezonen, ferner mit Zone für öffentliche Bauten und Anlagen, Landwirtschaftsgebiet und Juraschutzzone. Eingeteilt in zwei Bauetappen.

vielen Schicksalsfragen der Vorlage, denn gegen eine entschlossene Opposition wichtiger Kreise lässt sich ein derart eingreifender Erlass, wie es ein Baugesetz aus der Natur der Sache ist, nun einmal in der Volksabstimmung nicht über die Runden bringen. Erfreulich ist, dass die massgebenden Kreise zu ihrem Wort standen und die Gesetzesvorlage ehrlich und aktiv unterstützten. Hier verdient der Vorkämpfer der Landwirtschaft in der Baukommission und im Parlament, ein gescheiter und zäher praktischer Landwirt und Ammann einer stattlichen Gemeinde, besondere Anerkennung für seinen bestimmten und folgerichtigen Einsatz. An meinem Sacharbeiterstab hatte ich eine starke Stütze, genannt sei vor allem der damalige Vorsteher des Amtes für Raumplanung und mehr noch der helle juristische Sekretär, der trotz seiner geringen Anzahl Lenze dem Baudirektor rasch und wirksam zur Seite stand. Wie manchmal haben wir an Formulierungen und Verbesserungen «gehirnt» und gefeilt! Ich wage die Behauptung: Das solothurnische Baugesetz von 1978 und seine Vollzugsvorschriften bringen den Beweis, dass auch schwierige Begriffe und Probleme klar dargestellt werden können, wenn man sich bemüht, die modernen «Wortungeheuer» des anglochinesischen Wortschatzes der Planer und Soziologen zu vermeiden.

Der Praxis wird es nun vorbehalten sein, das Gesetzgebungswerk zu erproben und anzuwenden. Das wird bestimmt nicht leicht sein und nicht ohne

Reibungen gehen. Man muss sich aber vor Augen halten: Das neue Baugesetz ist nicht geschaffen worden, damit alles beim alten bleibt, sofern sich das Bestehende nicht bewährt hat. Jahrelang wurde nach neuen Vorschriften gerufen, die nun erlassen worden sind und vernünftig ausgelegt werden sollen. Dazu besteht durchaus die Möglichkeit. Im Kantonsrat hat kürzlich die Frage der Rückzonung zu reden gegeben. In dieser Frage scheiden sich naturgemäss die Geister. Die einen wollen wesentlich mehr rückzonen, da viel zu viel Land der Bauzone zugeteilt sei; die andern sind nur dann dafür, wenn sie nicht betroffen werden. Wenn es um eigene Interessen geht, ist jede Umzonung wider Treu und Glauben und ein Unrecht. Auch Grundeigentümer sind nur Menschen! Und mit guten Gründen hat ein kluger Kopf über das Verhältnis von uns Menschen zum Gemeinwesen geschrieben: «Der Mensch spricht vom Steuern und Sterben in einem Atemzuge, er sehnt sich nach der Regierung, die am wenigsten regiert und er verlangt nur nach Gesetzen, weil er glaubt, dass der Nachbar (die andern Leute) sie brauchten. Für sich selber hält er Gesetze für überflüssig.

Das müssen wir in Betracht ziehen, wenn die neue Baugesetzgebung zur Anwendung kommt. Das Baugesetz beschreitet mancherorts neue Wege im Interesse künftiger Generationen, deren Sachwalter wir sind, und es schafft neue Möglichkeiten, die es überlegt und aufgeschlossen zu nutzen gilt. Viel kann die Regionalplanung bringen, der die losere Form der Vereinigung (Regionalplanungsgruppe) oder des wirkungsvolleren Zweckverbandes und dem freien Willen der Gemeinden einer Region. Sind die Gemeinden in einem öffentlich-rechtlichen Zweckverband organisiert, wie in der Region Olten–Gösgen–Gäu, die auch hier in beispielhafter Weise vorangeht, können sie im Einvernehmen mit dem Kanton einen kantonalen Richtplan erlassen, in welchem Anlagen des Verkehrs, Altersheime und andere Werke öffentlichen Nutzens geplant werden, immer im Rahmen des massgebenden Statuts des Zweckverbandes. Es ist das unbestreitbare Verdienst des Präsidenten, dass der Zweckverband Olten-Gösgen-Gäu, sicher als erster im Kanton und sehr wahrscheinlich als einer der ersten im ganzen Lande, mit dem Erlass des «kantonalen Richtplans» für das einschlägige Gebiet seine Bewährungsprobe bestens bestanden hat. Beispiele mögen hinreissen!

das Department des Kantons Solothurn

Leitbild Kanton Solothurn

Bericht III

–Festsetzung der Siedlungsvariante
–Ausgestaltung des Leitbildes

Bearbeitet im Auftrage des Regierungsrates von
Kurt Neeser, Büro für Orts- und Regionalplanung, Zürich

Bericht II

– Entwicklung von Teilleitbildern
– Darstellung von Siedlungsvarianten
– Wertung der Siedlungsvarianten

Bearbeitet im Auftrage des Regierungsrates von
Kurt Neeser, Büro für Orts- und Regionalplanung, Zürich

Bericht I

– Vorgehen
– Bestandesaufnahme
– Prognose

Bearbeitet im Auftrage des Regierungsrates von
Kurt Neeser, Büro für Orts- und Regionalplanung, Zürich

Das Leitbild der Besiedelung

Ohne Leitbild geht es nicht mehr, Leitbilder sind Modesachen wie Wegwerfartikel. Jede Gruppe, jeder Verein, jeder einzelne spricht von Leitbildern, die ihm vorschweben und vorgegeben sind. Manchmal bleiben sie nebelhafte Gebilde und verflüchtigen sich. Die grosse und schwierige Kunst ist es, sie konkret darzustellen und sie zu verwirklichen. Ein Leitbild unterscheidet sich kaum von dem, was man früher Idee nannte. Aber es liegt ja schliesslich nicht an Worten.

In seinem «Leitbild der Besiedelung» hat der Kanton Solothurn sich der Aufgabe unterzogen, aufgrund einer umfassenden Bestandesaufnahme zu untersuchen, wie die sogenannte Infrastruktur («die Werke des technischen Unterbaus») angemessen geplant, gesichert und verwirklicht werden soll, wobei auf die Schonung der natürlichen Umwelt volles Gewicht zu legen sei. (Beschluss des Regierungsrates vom 5. Dezember 1967.) Nach mehrjähriger zeitraubender Arbeit konnte der beauftragte Architekt im Zusammenwirken mit der kantonalen Verwaltung, mit den Regionalplanungsgruppen und den Gemeindeorganen einen Bericht I abliefern, der über 200 Schreibmaschinenseiten umfasst und nach der Darstellung des Vorgehens eine Bestandesaufnahme enthält und eine Prognose wagt. Im Vorwort haben wir damals festgehalten, dass sich der wirkliche Wert eines Leitbildes am praktischen Ergebnis – am Erfolg – messe. Wer alles wolle, werde wohl wenig erreichen. Wer wenig wolle, möge sich die grosse Arbeit ersparen und den beträchtlichen Aufwand. Das Leitbild der Besiedelung sei als Daueraufgabe zu verstehen, denn es würden sich immer wieder neue Probleme stellen, die einzubeziehen seien und Anpassungen an geänderte Verhältnisse erheischten. Anzustreben seien praktische Ziele und nicht schwärmerische Postulate. Dieser Bericht wurde 1971 veröffentlich. Zwei Jahre später wurden im Bericht II für Siedelungsvarianten vorgestellt.

Variante 1 «Ungelenkt»
Variante 2 «Einfrieren»
Variante 3 «Rückzonen»
Variante 4 «Regionale Schwerpunkte»
Variante 5 «Summe der Regionalplanungen»

In 36 Stellungnahmen äusserten sich alle fünf Regionalplanungsorganisationen, die Vereinigung solothurnischer Einwohnergemeinden, die drei grossen politischen Parteien FdP, CVP und SP sowie die Poch, die Handelskammer, der Bauernverband, der Heimatschutz und der Naturschutzverband, die betroffenen kantonalen Departemente und Ämter und auch die Verkehrsbetriebe.

«Regionale Schwerpunkte»

Es wurde im Ergebnis praktisch übereinstimmend Variante 4 «Dezentralisation mit regionalen Schwerpunkten» befürwortet, welche der Regierungsrat in einem Beschluss vom März 1975 als massgebend für die Ausarbeitung des Berichtes III bezeichnete. Die Schwierigkeit bestand darin, wie bereits angedeutet wurde, zu praktischen Resultaten zu kommen. Die jahrelangen Arbeiten und Bemühungen wurden abgeschlossen durch einen grundlegenden Regierungsratsbeschluss (Regierungsratsbeschluss vom 7. Mai 1976), der abgefasst wurde in der Form einer «Weisung des Regierungsrates über die Anwendung der Leitbildgrundsätze bei der Verwaltungstätigkeit. Darin wird in dem Teil, der das Bau- und Landwirtschaftswesen betrifft, auf die Bedeutung eines neuen kantonalen Baugesetzes hingewiesen und im weiteren eine ständige Förderung des fortgeschrittenen Gewässerschutzes postuliert. Ebenso wird die ablehnende Haltung zur kommerziellen Binnenschiffahrt im Interesse des Natur- und Ortsbildschutzes untersrichen. Die Verwaltung wird angwiesen, realistisch zu denken und zu handeln und bei der Planung und Projektierung öffentlicher Bauten der voraussehbaren Entwicklung der Bevölkerung und des Verkehrs Aufmerksamkeit und Beachtung zu schenken; in jedem Fall sei auf das Gleichgewicht in der Natur (Ökologie) gebührend Rücksicht zu nehmen.

Damit haben sich die umfangreichen und aufwendigen Vorarbeiten, die insbesondere das Baudepartement (Amt für Raumplanung usw.) nahezu zehn Jahre lang stark in Anspruch genommen und hin und wieder auch den Baudirektor stark belastet haben, bestimmt gelohnt. Durch diese Arbeiten wurde der Kontakt zu den Regionen und Gemeinden wesentlich ausgebaut und ständig gepflegt. Diese Anstrengungen haben sich gewissermassen als Mobilisation der Geister und als wirkungsvolle Anregung zum Denken und Mitmachen in Planungsfragen ausgewirkt. Es ist nicht zuletzt ihnen zu verdanken, dass Ende 1978 das neue Baugesetz mit einem erstaunlich guten Ergebnis vom Solothurnervolk angenommen worden ist. Damit ist eindeutig das Hauptziel des Leitbildes erreicht worden. Deshalb lassen sich die kleinen Ärger vergessen, die, auf Distanz betrachtet, eher komisch wirken, wie etwa die ausgewachsene ehrliche «Däubi» des Baudirektors, als immer wieder probiert wurde, eine Erholungszone ausgerechnet über ein erstelltes mehrstöckiges, millionenträchtiges Lagerhaus zu legen, damit es mit der grünen Farbe auf dem Plane besser stimmte! Alles in allem gesehen und bei Lichte betrachtet ist mit dem Leitbild wertvolle Pionierarbeit geleistet worden.

Juraschutz

Man hat mir übrigens einmal gesagt, dass unser kantonales Leitbild tatsächlich das einzige sei, das bis zum Ende durchgezogen wurde und nicht in einer Schublade landete. Grund: Trotz hoher Ansprüche ist es realistisch geblieben. Es lebt weiter im dauernden Wirken einer verantwortungsbewussten Verwaltung als Aufforderung, wertvoll Bestehendes zu achten und zu wahren und Neues anzustreben mit Augenmass und mit einem gesunden Sinn für das Nötige und Mögliche. Und da fällt mir noch ein wichtiger Grund ein, der nachträglich im Laufe der Jahre unser grosses Bemühen um dieses Leitbild rechtfertigen sollte: Diese umfangreichen Vorarbeiten haben es ermöglicht, die durch Bundesbeschluss angeordneten «dringlichen Massnahmen auf dem Gebiete der Raumplanung» von 1972 (BMR) verhältnismässig rasch und wirksam und nahezu reibungslos durchzuziehen. Dieser Aufgabe hat vor allem der Chefjurist des Baudepartements in Verbindung mit dem Beauftragten für das Leitbild, den zuständigen kantonalen Amtsstellen, den Regionalplanungsgruppen und den Gemeindebehörden viel Einsatz und Aufmerksamkeit gewidmet, so dass der Erfolg nicht ausblieb. Ein Beispiel sei genannt für viele: Durch diesen BMR konnte die bewährte Juraschutzverordnung zusätzlich und meines Erachtens auf höherer bundesrechtlicher Grundlage abgesichert und das Bauen ausserhalb der Bauzone noch nachdrücklicher untersagt werden. Dank der umfassenden Vorarbeit für das Leitbild der Besiedelung zählte man in unserem Kanton kaum 200 Einsprachen im Einspracheverfahren gegen das Planwerk, während in anderen Kantonen Tausende von Einwendungen eingingen. Freilich ging der Kanton Solothurn bei der Ausgestaltung der genannten BMR-Pläne nur soweit, als es für diese zeitlich begrenzten Massnahmen unbedingt notwendig erschien.

Die Bipperbahn
im Aufwind

Kürzlich habe ich gelesen, dass der Kantonsrat für die Sanierung des Unterbaus der Solothurn-Niederbipp-Bahn (SNB) vom Stadtrand von Solothurn ostwärts einen stattlichen Beitrag – im Rahmen einer Vereinbarung mit dem Bund und dem Kanton Bern gesprochen hat. – Diese erfreuliche Nachricht hat mich an alte Zeiten erinnert. Es ist etwa 15 Jahre her, als die SNB noch ratternd und keuchend über die schmale Rötibrücke polterte und mit einem kühnen Anlauf den Strassenbuckel zur Baseltorkreuzung erklomm. Sie schaffte es meistens im ersten Anlauf, aber nicht «gäng», und dann wurde weiter «gebügelt» bis es gelang. Manchmal erwischte das Bähnli einen andern Verkehrsteilnehmer auf der Rötibrücke; das war dann gar nicht mehr lustig für den Betroffenen. Das erlebte einmal der ehemalige Steuerverwalter Hans Sommer, den das Bähnli vor sich her über die Brücke schob. Nach der eigenen Darstellung des Beteiligten hatte er geistesgegenwärtig den Leerlauf oder den Rückwärtsgang eingeschaltet und kam so mit einem grösseren Blechschaden an seinem Käfer oder einem andern Kleinwagen und einem beachtlichen Schrecken davon. Sein Bruder Martin bezweifelte diese Version und meinte, der habe beim «Krachen» nicht mehr ans Schalten, sondern nur noch an seine Angst gedacht.

Bahn zahlte an Strasse

Ende der fünfziger Jahre hatte sich der Kanton für die Umstellung der SNB auf Busbetrieb ausgesprochen, und ich hatte später diesen Standpunkt, der von der Bevölkerung des bernischen Einzugsgebietes energisch bekämpft worden war, vor dem eidgenössischen Verkehrsminister Bundesrat Dr. Spühler im Namen des Regierungsrates zu vertreten. Da die Meinung in Bern bereits gemacht war – man dachte nicht daran, das Bähnli aufzuheben –, schien ein Kompromiss in der Strassenbaufrage die bestmögliche Lösung. Bevor nämlich der Entscheid gefallen war, konnte die dringliche Strassensanierung nicht begonnen werden. An die Mehrkosten des Strassenbaus hatte die SNB (das heisst die öffentliche Hand) einen tüchtigen und angemessenen Zustupf zu leisten, und die Sanierung des Bahnhofplatzes konnte beginnen, nachdem die Rötibrücke verbreitert worden war. Später wurde die Baseltorkreuzung zweckmässig ausgebaut. Es war in der Tat ein «ewiges Werk», das über Jahre Schikanen und Hindernisse und viel Ärger brachte. Aber: «Ende gut – alles gut –!» Es darf festgehalten werden, dass das kantonale Tiefbauamt, vorab der Kantonsingenieur und der damalige Strassenbauinspektor, die beteiligten privaten Ingenieurbüros und die Tiefbauunternehmer, aber auch die Bauequipe der SNB, tüchtige Arbeit geleistet haben. Es wurde ein Strassenbau verwirklicht, der ohne Prestigedenken Sinn für das Mögliche und das Nötige bewies und darauf Bedacht nahm, das Ortsbild und die Nerven der Anwohner möglichst zu schonen. Das wirkte sich ästhetisch und finanziell ebenfalls vorteilhaft aus. Eingriffe in die bestehende Überbauung haben stets ihren erheblichen Preis. Im Sinne des heute mit Recht so sehr betonten Umweltschutzes wurde schon damals bewusst und gegen beträchtlichen Widerstand vermieden, in das

Vorgelände der bestehenden Grossüberbauung an der Nordseite der Luzernstrasse einzugreifen und den Strassenlärm gewissermassen direkt in die
dortigen Wohnungen hineinzutragen.

Ohne Häuserabbruch

Ein weiteres gutes Beispiel eines überlegten, den örtlichen Verhältnissen
gerecht werdenden Vorgehens ist die Sanierung der Baseltorkreuzung und vor
allem der Baselstrasse. Hier beharrte der Kanton auf der bisherigen Nordlage
des SNB-Geleises und lehnte es ab, mit dem Aufwand mehrerer Millionen
verschiedene erhaltenswürdige und kostbare Häuser abzubrechen, um das
Bähnli in der Strassenmitte zwischen zwei Fahrbahnrichtungen zu führen. Mit
Grauen denken wir zurück an das Verkehrschaos jener Jahre, und mit
Genugtuung und Anerkennung halten wir fest, dass die kantonalen Strassen-
baubehörden geduldig und geschickt ihre Pflicht getan und die Verkehrspro-
bleme jener Jahre zu lösen verstanden haben, soweit es durch jene örtlichen
Sanierungen eben möglich war.

Die Oensingen-Balsthal-Bahn (OeBB) betreibt neben ihrem Reise- und Güterverkehr noch einen Dampfzug mit fünf historischen Speise- und Salonwagen. Unser Bild zeigt den im Jugendstil eingerichteten Salonwagen, welcher für Anlässe aller Art gemietet werden kann.

Grünes Licht für die OeBB

Vor zehn Jahren gingen in Balsthal die Wellen hoch. Man bangte um das Schicksal des Bähnlis, welchem der Bund sozusagen die Schienen unter den Rädern wegziehen wollte. Warum, fragte sich das Volk, sollte die Oensingen-Balsthal-Bahn (OeBB), die als eine der ganz wenigen Bahnen des ganzen Landes schwarze Zahlen in den Abschlüssen ausweisen konnte, keine Verlängerung der Konzession erhalten? Warum sollte die beinahe vollständig auf eigenem Bahnkörper fahrende Normalspurbahn das Leben lassen müssen und der Verkehr auf die stark belasteten Strassen abwandern? «Nach dem übergeordneten Konzept des öffentlichen Verkehrs für die Region Thal, damit die einzusetzenden Busse rentieren – wenn immer möglich», lautete die Antwort aus Bern.

Diesen Plänen, die sicher auch vertretbar waren, leisteten die Balsthaler Bevölkerung und die Behörden entschlossenen, zum Teil leidenschaftlichen Widerstand. Das Baudepartement – vor allem der tüchtige Vorsteher des kantonalen Verkehrsamtes – rissen sich mindestens ein Bein aus in der Vorbereitung des Geschäftes, natürlich im Einvernehmen mit dem Regierungsrat, der eindeutig hinter dem Gesuch um Konzessionsverlängerung stand. Delegationen aus allen Kreisen erschienen im Rathaus und baten um Unterstützung. Es galt den Einstieg zu erkunden in die Kanäle und Tunnel der helvetischen Verkehrspolitik. Konzessionsbehörde für Eisenbahnen ist das Parlament.

Die zuständigen Kommissionen des Nationalrates und des Ständerates kamen nach Balsthal, um die betroffenen Kreise anzuhören. Der damalige eidgenössische Verkehrsminister Roger Bonvin verteidigte den Antrag seines Departements mit «Händen und Füssen – mit Wort und Geist», wie es sein gutes Recht war. Das Baudepartement tat desgleichen auf der andern Seite der Stange. Unvermittelt richtete der eidgenössische Verkehrsminister an mich die erstaunliche Frage: «Herr Baudirektor, nun sind die Vertreter der Region gegangen und wir sind in der Kommission unter uns. Sagen Sie nun geradeheraus: Ist die Solothurner Regierung wirklich für die Konzessionsverlängerung?» Es tönte wie ein «vorgezogenes» Echo aus dem spätern Furkaloch. Meine Antwort war kurz und klar.

Die eidgenössischen Räte entschieden sich in beiden Kammern eindeutig für die Verlängerung der OeBB-Konzession, und zwar auf längere Zeit, als das Konzessionsgesuch beantragt hatte. Ein Erfolg, der die Welt in dieser heiklen regionalen Frage wieder in Ordnung brachte. Ein erfolgreicher Abschluss auch für die Bahnbehörde und den Regionalplanungsverband, die unter dem gleichen Präsidenten Daniel Müller feiern konnten.

Wenn jemand eine Reise tut, dann kann er was erzählen

Wer mag nicht Regierungsräten, die von der Last der Geschäfte gedrückt und geplagt werden, von Zeit zu Zeit eine kleinere Reise gönnen, sei es ein Besuch oder ein Gegenbesuch? Reisen bildet, schafft neue und erhält alte Freundschaften. Es lässt sich bekanntlich manches besser sagen als schreiben. Was geschrieben ist bleibt, während Worte verfliegen, wie es heisst. Man soll kein Stubenhocker sein und auch nicht am Sessel kleben. Man regiert ja schliesslich nicht mit dem ehrenwerten H. – sondern mit dem Kopf und dem Herzen. Im Lauf von 20 Amtsjahren wird ein Regierungsrat sozusagen mit allen Kantonsregierungen bekannt, welche die schöne Sitte der Visiten kennen. Dabei kommen auch die Ehefrauen zum Zug, wie es recht und billig ist.

Landsgemeinde in Sarnen

Eine Kantonsregierung – so wird erzählt – soll einen Besuch von Kollegen verschoben haben mit der Begründung, es gehe dieses Jahr nicht mehr, man habe bereits durch die Engerlinge grossen Schaden erlitten. Eine andere Regierung soll erwogen haben, den Besuch irgend einer Konferenz von kantonalen Direktoren – es ist unwichtig, welche es war – dem kantonalen Fonds für Naturkatastrophen zu belasten, mangels spezieller Kredite. Ein Besuch bei besonders fröhlichen und lebenslustigen Kollegen führte zu einer Rundfahrt auf einen bekannten See. Ein Kollege erzählte mir auf dieser Seefahrt, wie man sozusagen im letzten Moment eine Linienführung einer wichtigen Verkehrsader habe ändern und dadurch einen beträchtlichen Eingriff in die Landschaft verhindern können. «Haben Sie die zuständigen Herren am damaligen Augenschein nicht auf diesen Punkt aufmerksam gemacht?» wurde der verantwortliche Techniker vorwurfsvoll gefragt. «Doch, doch, aber die Herren haben eben gejasst, als wir die Situation erklärten» war die zögernde Antwort. Auch an Landsgemeinden sind wir gewesen. Vor manchem Jahr haben wir miterlebt, wie ein einziger Bundesrat Kantonsregierungen in corpore mitsamt Staatsweibel und Weibelstab die Schau stehlen und wie ein Landammann wortgewandt vor dem Landvolk das Frauenstimmrecht um einige Jahre hinausschieben konnte – bis es dann schliesslich und endlich doch noch, gottlob, zu Ehren kam.

Wir haben auch Regierungskollegen gesprochen, die überzeugt waren, dass ein Baudirektor am besten nichts mache, speziell in Sachen Baugesetz.

An der Obwaldner Landsgemeinde konnte die Solothurner Regierung in den sechziger Jahren Beratungen des Baugesetzes beiwohnen, welches nach dem «Solothurner Muster» von Anno dazumal von einem Solothurner Juristen gestaltet worden sei. Da erklärte einer der Landsleute aus dem Ring auf dem Landenberg, das mache ihm keinen Eindruck. Im Kanton Solothurn müsse man für ein WC-Fenster eine Baubewilligung einholen, währenddem eine namentlich genannte Industrie die Dünnern ohne Bewilligung in allen Farben laufen lasse! Das war auch nicht der Höhepunkt meiner Karriere. Mit dem Wasser habe ich damals manchmal Pech gehabt! Immerhin sind wir stets ohne grösseren Schaden zu nehmen wieder nach Hause zurückgekehrt, die einen früher, die andern etwas später. Vermisste gab es nie.

Der Solothurner Regierungsrat bei der oberösterreichischen Regierung in Linz. Geheimrat Dr. Kranzler stellte die Gäste vor.

Zum Minister befördert

In bester Erinnerung bleibt ein Besuch des Regierungsrates anfangs der siebziger Jahre bei den Herren Kollegen im Bundeslande Oberösterreich, die von geschickter Hand über die Österreichische Botschaft in Bern organisiert worden war. Zuerst besuchten die Minister unseren Kanton. Wir machten sie mit unseren Problemen und Verhältnissen bekannt. Damals waren die «goldenen Zeiten»; es gab einiges zu sehen im Strassenbau; man sprach über Finanzen, Schulen, Volkswirtschaft oder Landwirtschaft. Ein Jahr später kam der Gegenbesuch der Regierung in Linz, dort waren wir ohne unser Zutun zu «Ministern» befördert. Es ergab sich als gemeinsames Ergebnis der gründlichen Aussprachen, dass sozusagen nichts gemeinsam war ausser dem demokratischen Grundverständnis. Die Parteipolitik war dort damals ausgeprägter und die Auseinandersetzung schärfer, was sich auch in den witzigen Foppereien zwischen «schwarz» und «rot» ausdrückte. Es standen Wahlen vor der Tür. Aber gemütlich war es und ungezwungen.

In «Bad Hall», wo der Wasserpfarrer Kneipp gewirkt hatte, wurden wir im Kurgarten vom Kurorchester speziell begrüsst. Man liess uns und die Schweiz musikalisch hochleben – eine willkommene Abwechslung im Alltag des Kurbetriebes für die Badegäste. In einem Landgasthof wurden Witze erzählt und Sprüche gemacht von den oberösterreichischen Kollegen und von unsern Unterhaltungsspezialisten, wobei auf unserer Seite – wie gewöhnlich in dieser

106

Sparte – der «Kleine» der «Grösste» war. Es war so lustig und fidel, dass im weiträumigen Restaurant alle Gäste aus vollem Halse mitlachten, wenn unsere Tafelrunde in ein schallendes Gelächter ausbrach. Lachen ist eine ansteckende Gesundheit. Man stelle sich diese Szene in unserer biederen Schweiz in einem gutbürgerlichen Gasthaus vor! Da haben die Österreicher einiges voraus vor uns leicht «verklemmten» Hirtenknaben. Einige Sprüche sind mir geblieben; es ist schwer, sie richtig zu erzählen. Damit Witze einschlagen, muss die richtige Stimmung vorhanden sei. Ich mache gleichwohl einen schüchternen Versuch.

«Ein Geheimrat tut nichts ...»

Einer der österreichischen Kollegen trug den Ehrentitel «Geheimrat», offenbar eine hohe Auszeichnung. «Kennen Sie» – fragte ein anderer Kollege laut und hämisch – «den Unterschied zwischen einem Geheimrat und einem ‹wirklichen Geheimrat› (einem Amtsträger). Nun – der ‹Geheimrat› tut nichts und der wirkliche Geheimrat ‹tut wirklich nichts›.» Schallendes Gelächter aus 100 Kehlen! Ein Tischnachbar erklärte mir den Unterschied zwischen drei Italienern, drei Deutschen und drei Wienern. «Ein Italiener» – sagte er – «ist ein Heldentenor, zwei sind ein mittlerer Volksauflauf und drei sind ein verlorener Krieg. – Ein Deutscher ist ein Leistungsträger, zwei sind ein Kegelklub oder so etwas mit Weltmeisteraspirationen und drei Deutsche sind eine Wehrmacht. – Ein Wiener ist ein alter Jammeri, zwoa sand a Heurigenverein und drei gibt's nit, einer davon is a Böhm.» (Dialektwiedergabe hier stümperhaft.)

Wir besuchten das herrliche Land, auch die engere Heimat des Dichters Adelbert Stifter und das eindrückliche nach dem Kriege wiederaufgebaute Kloster St. Florian, die Wirkungsstätte von Anton Bruckner, eingedenk des gewaltigen Beitrags Österreichs an die europäische Kultur.

Auch dieser unbeschwerte Aufenthalt musste bald einmal ein Ende nehmen. Die Heimfahrt traten die Klügern im Flugzeug an und waren in einem Sprunge zu Hause. Der Kluge jedoch reiste im Zuge. Auf der Hinfahrt hatten wir im «Arlbergexpress» einen bekannten Solothurner, den Ehrwürdigen Abt Holzherr von Einsiedeln angetroffen, der nach Innsbruck reiste. Bis zur Rückkehr hiess es nun zuerst einmal einige Stunden auf die Abfahrt des Zuges warten. Immerhin, Linz ist eine sehenswerte Stadt. Als ich nach einem Stadtrundgang ins Hotel zurückkehrte um meinen Koffer zu packen, erschien die Zimmerfrau und sagte eindringlich mitleidig mit halblauter Stimme: «Guter Herr – dieses Kofferpacken ist eine zu grosse Arbeit für Sie, soll ich meine Tochter rufen, die hilft Ihnen gerne?» Ich lehnte diese tätige Hilfe ab. «Was zum Teufel, wollte die wohl mit ihrer Tochter»...? frage ich mich noch heute.

Hans Roth, der Träger des Ehrenkleides, und der Staatsweibel machen «Staat». Adolf Roth aus Beinwil und Ruedi Gfeller stellen sich dem Photographen.

Hans Roth,
der Träger des Ehrenkleides

«Dass Hans Roth wirklich gelebt hat, ist nicht genau erwiesen, sicher aber ist, dass er Solothurn gerettet hat durch sein kluges Verhalten und durch seinen langen Marsch mit umgekehrten Schuhen.» So könnte man in Abwandlung eines Ausspruches von Hans Weigel über Wilhelm Tell und sein Opfer Gessler sagen. Auf jeden Fall sind die gnädigen Herren und ihre Nachfolger im

Regiment in Solothurn dem braven Mann aus Rumisberg und seinem weitverzweigten Geschlecht ewig dankbar. Es wurde ein Ehrenkleid und eine jährliche Ehrengabe gestiftet, die sich freilich im Laufe der Zeit mit dem schwindenden Wert der Währung vermindert hat. Allein der Regierungsrat hat ein Einsehen gezeigt und vor etwa 15 Jahren die Ehrengabe von knapp 80 Franken auf 500 Franken im Jahr heraufgesetzt. Es handelt sich ja – wohlgemerkt – nicht um eine Altersrente, sondern um ein Ehrengeschenk an den ältesten Träger des Namens Roth (Frauen bleiben wohl bis auf weiteres ausgeschlossen).

Stammbaum als Voraussetzung

Das Ehrenkleid in rot-weissem Tuch hat sich nicht entwertet, und das Ehrenamt ist beliebt und gesucht. Wahlvoraussetzung sind der Stammbaum und das Alter, was die Staatskanzlei, gestützt auf das Ergebnis der jeweiligen Ausschreibung, gewissenhaft ermittelt. Der Ehrenkleidträger ist mehr als ein würdiger alter Mann; er ist eine Symbolfigur, die Treue und Zuverlässigkeit, aber auch Dankbarkeit verkörpert. Bei der Wahl gab es nie Anstände; man war mit dem Nachweis der Verwandtschaft grosszügig. Ein neugewählter Hans Roth ist anfangs der sechziger Jahre gestorben, bevor er zum Amten kam. Das Gerücht, es sei einer gewählt worden, bei dem man erst beim Anmessen des Kleides gemerkt habe, dass ihm ein Bein fehle, ist unzutreffend. Immerhin – Probleme könnte es in einem solchen Falle geben, man kann auch mit einem Bein der Älteste des Geschlechts werden. Einem andern Neugewählten, der an der Neuziger-Grenze zu Ehren kam, haben Landammann Gottfried Klaus und ich das letzte Geleit gegeben. Er ruht in einem Dorf auf der welschen Seite des Scheltenpasses.

Beda und Adolf

Den beiden Brüdern Beda und Adolf Roth aus Beinwil war während manchem Jahr die hohe Ehre vergönnt. Beda, der ältere, kam zuerst an die Reihe; er hat das Ehrenamt sichtlich genossen und gerne an Festen und Anlässen teilgenommen, von welchen er ein Bestandteil war. Beda war der Bauer auf dem Hofe «Hirni» in Oberbeinwil; er pflegte zu sagen, er komme mit denen im Rathaus gut zu Rank und fügte selbstbewusst und witzig hinzu, dass er «zu Hause mehr Hirni» habe als alle fünf Regierungsräte zusammen plus Staatsschreiber und Kantonsräte. Er war mit Kollege Franz Josef Jeger besonders vertraut, weil eine alte Familienfreundschaft bestand und weil der spätere Justiz- und Polizeidirektor als junger Mann bei der Familie Roth im Landwirtschaftsbetrieb mitgeholfen oder doch Znüni und Zvieri genommen hatte. Deshalb behandelte der Schwarzbuben-Regierungsrat den alten Familienfreund bei dessen Besuch in Solothurn besonders aufmerksam und geleitete ihn die steinerne Treppe zum Regierungsratssaal empor. Wie es bei alten Bekannten Brauch ist, duzte man sich und fragte gegenseitig, wie es gehe. «Du» – fragte der Beda Roth plötzlich den Franz Josef halblaut: «Weles isch eigentlich dr Jeger?» Gerne kam Beda Roth – in Begleitung hübscher Frauen – seien es Töchter, Schwiegertöchter oder Nichten, obwohl er sonst auf dem Wybervolch nicht allzuviel hielt – wenn man auf seine Worte abstellte. Sein Bruder Adolf vom Hof «Gritt» war ein ruhiger Typ, ein eher in sich gekehrter Junggeselle.

An seinem letzten runden Geburtstage besuchte ich ihn in meinem letzten Landammannjahr 1979 im Altersheim in Breitenbach. Bei dieser Gelegenheit wies er mich darauf hin, dass wir über die Bereten-Bader-Familie entfernte Vettern seien. In der Tat war meine Grossmutter mütterlicherseits eine Bader. Auch der im Schwarzbubenland als schlagfertiges Original bekannte Bereten-pfarrer war ein Bader von der Bereten in Mümliswil. Von ihm hat mein Vater mancherlei lustige Begebenheiten gewusst. Davon vielleicht bei anderer Gelegenheit. Leider ist er inzwischen gestorben, der Hans Roth aus dem «Beibel».

Begegnungen mit Bischof Anton Hänggi und seinem Stab

Seit Jahrzehnten waren die Beziehungen zwischen dem Rathaus und dem Bischofspalais an der Baselstrasse freundlich und gut. Die Geschäfte wurden stets von beiden Seiten zuvorkommend erledigt, und die Welt konnte nicht besser in Ordnung sein. Mit Bischof Hänggi, den enge persönliche Bande mit einzelnen Regierungsräten aus der Zeit des Militärdienstes verbanden – er war bei den Artilleristen –, also den «Roten» als «Blauer» also als Sanitäter zugeteilt – wurden die Beziehungen zu Freundschaften. Um diese Freundschaft zu pflegen und zu erhalten, trafen sich die Herren von der Baselstrasse mit den Herren von der Eselsgasse von Zeit zu Zeit im Rathauskeller. Zweck dieser Zusammenkünfte war es, unbeschwert einige gemütliche Stunden zu verbringen und die Gastfreundschaft zu Ehren kommen zu lassen, ohne Komplimente und lange «Rednereien». Anwesend waren der Bischof mit seinem engern Stab und die Regierung mit Staatsschreiber.

Etwa um 8 oder 9 Uhr abends erhob sich dann der Herr Bischof, dankte und sagte in seinem Schwarzbubendialekt: «So 's isch Zyt für die Chlyne, i gang äfangs.» Des Bischofs Grösse lag nicht in seiner Körperlänge, sondern in seinen Qualitäten, nicht zuletzt in seinem Humor und seiner Menschlichkeit. Wo gute Schweizer zusammensitzen, steigt auch ein Jass, wenn es die Zeit gestattet; er war fest in die Zusammenkünfte im Ratskeller eingeplant. Mit Stolz kann ich vermelden – zeugen stehen zu Diensten –, dass wir zwei Schwarzbuben einmal den «Rest der Welt (Finanzen und Volkswirtschaft) «Kontermatsch obenabe» gemacht haben. Die schwarzen Karten hielten es mit uns. Der Herr Domprobst erzählte ein Diensterlebnis. Als Feldprediger habe er im Stab mit seinen Kameraden hin und wieder gejasst. Der Doktor oder sonst ein Kamerad sei besonders leidenschaftlich bei der Sache gewesen; er habe seine Gefühle immer auf der Zunge gehabt. Beim Gewinnen habe er frohlockt! «Der Herr kennt die Seinen» und beim Verlieren mit Achselzucken geklagt: «Der Tüfel hett's mit sine Lütte.»

Antworten ohne Stottern

Später kam die Einladung zur Besichtigung des renovierten Bischofpalastes. Man traf sich an einem herrlichen Sommerabend im Garten, wie es sich gehört, kam ich rechtzeitig, und was ich am Rande des prächtigen Rasens sah, liess mein Herz bis zum Hals hinauf klopfen. Da standen sie – die geistlichen Herren und die Kollegen und mitten unter ihnen bedeutungsoll mit sittsamen Gewändern und wohlfrisiert, die Ehegattinnen der Regierungsräte. Da stand ich nun alleine, ich armer Tor, der die Einladung nicht genau gelesen und die wichtige Neuerung der Bräuche nicht beachtet hatte. Der Gastgeber hatte nämlich nun auch den Frauen die Ehre gegeben. Ein Anruf zu Hause war natürlich nicht die rettende Lösung. Meine Frau war völlig überrascht. Sie kam aus dem Garten und war natürlich auch nicht beim Coiffeur gewesen. Ich brauchte für den Kommentar nicht zu sorgen. Was blieb mir übrig als zu gestehen, dass ich gefehlt hatte? Meine Frau hat mir die Absolution erteilt. Bei spätern Einladungen hat sie sich stets gefreut und gut unterhalten. Das waren

Bischof Anton Hänggi   *Foto: Keystone*

keineswegs gehemmte Gastgeber, sondern gewandte und natürliche. So hat der Führer durch das renovierte Palais – ein Doktor der Theologie und des kanonischen Rechts – eine bewusst kecke Frage einer aufgeräumten Dame über die Oberkörperanatomie eines Seejungfräuleins, das als Leuchter diente, recht elegant und gekonnt beantwortet. Er kam nicht ins Stottern.

Geburtshelfer

Aufgeräumt erzählte einmal der Herr Bischof im Rathauskeller: «Als junger Pfarrer war ich in einer Aargauer Gemeinde tätig und hatte dort zwei junge Leute kennengelernt, die später heirateten und mir einmal klagten, dass sie keinen Nachwuchs bekämen. Ich sagte, was ein Geistlicher zu sagen pflegt, nämlich: Ich werde mich der Sache im Gebet annehmen.

Als Professor in Freiburg fand ich eines Tages beim Schwarzen Brett eine Postkarte, die wie viele andere Briefe und Karten dort für die Empfänger eingesteckt war. In der Karte stand folgendes: «Sehr geehrter Herr Professor Hänggi, wir können Ihnen nun mit Freude mitteilen, dass wir ein Kindlein bekommen werden und danken Ihnen hiermit für Ihre Mithilfe. Ihr Ehepaar XY.»

Es waren schöne Stunden, kleine Feste der Geselligkeit und der Freundschaft, wie sie gerade in den heutigen Zeiten wohl am Platze sind.

112

Restaurierung der Ruine Gilgenberg – eine lobenswerte Tat

In den letzten Tagen meiner 20jährigen Amtstätigkeit auf dem Bau- und Landwirtschaftsdepartement, nahm ich mit allen Regierungsräten im Rahmen der 500-Jahr-Feier des eidgenössischen Standes Solothurn am Gilgenberger Fest vom 21. bis 23 August 1981 teil. Ich hörte also dort auf, wo meine politische Laufbahn begonnen hatte, in meiner engern Heimat, im Schwarzbubenland. Der Kreis hatte sich geschlossen. Es war ein schöner und eindrücklicher Tag; als ich im Umzug durch die grosse Zuschauermenge fuhr, fand ich überraschend starke Beachtung – diese galt wohl freilich mehr dem prächtigen grünen Oldtimer – dem schönsten und köstlichsten aller «Veteranen» – als dem abtretenden Regierungsrat. Allein, auch an mir schienen die Schwarzbuben an diesem Tage Freude zu haben. Im Vordergrund leuchteten jedoch höhere Gestirne, vor allem Bischof Anton Hänggi und Bundesrat Willi Ritschard, wie es sich auch gehörte. Unbedingt im Mittelpunkt aber stand der eigentliche Anlass des Festes – die Burgruine Gilgenberg – die nun endlich nach Jahrzehnten des Stillstandes und des Zerfalls in einen ansehnlichen Zustand gebracht worden war. Sehr zur Freude und Genugtuung der Bevölkerung und der Geschichtsfreunde, wie der anfangs Mai 1983 verstorbene verdienstvolle Präsident der Stiftung, alt Ammann Leo Kohler (Zullwil), nach dem wohlgelungenen Fest mit Dank nach allen Seiten feststellte. Mich persönlich freute dieses gute Ende der Renovationsarbeiten ganz besonders, weil es weder der Regierung in Solothurn noch der Stiftung aus eigener Kraft gelungen war, diese grosse und schwierige Arbeit zu meistern, die einer ausserordentlichen Anstrengung und eines entsprechenden Einsatzes von Mitteln, Erfahrung und Willen bedurfte. Man hatte während vieler, langer Jahre die Sache hinausgeschoben – sicher nicht aus schlechter Absicht – allein es fehlte der unbedingt erforderliche «Zug» und es mangelte auch an brauchbaren und durchsetzbaren Ideen, und sagen wir es offen, es fehlten die Geldgeber. Die Regierung, die ursprünglich mit zwei Vertretern im Stiftungsrat vertreten war, liess sich später durch ihren «Statthalter», den Oberamtmann der Amtei Dorneck-Thierstein ersetzen. Der Stiftungsrat erledigte in seinen gelegentlichen Sitzungen jener Jahre die üblichen Routinegeschäfte, und was sollte er beim Stand der Dinge anderes tun? Das Baudepartement musste einmal dem Gedanken entgegentreten, in der Ruine irgendeine private «Festhütte» einzubauen, was natürlich dem öffentlichen Interesse nicht entsprechen konnte. Dann kam aber die «grosse Wende». Diese neue Sachlage ergab sich mit der grossen Feier 500 Jahre eidgenössischer Stand Solothurn.

Leben in der Ruine

In der Tat begann aus den Ruinen neues Leben zu blühen, um ein passendes Dichterwort zu zitieren. Hatten die Heinzelmännchen plötzlich sich der Sache angenommen oder andere hilfreiche Geister? Es waren glückliche Umstände, wobei auch ein ganz wenig der Zufall mitspielte, wie ich aus zuverlässiger

Die Ruine Gilgenberg, das Wahrzeichen des Gilgenbergertals, wurde 1981 aus Anlass des Jubiläums «500 Jahre eidgenössischer Stand Solothurn» restauriert.   (Foto: R. Waldner)

Quelle vernommen habe. Es hing zusammen mit der Rollenzuteilung für die bereits erwähnte grosse 500-Jahr-Feier, die vom Organisationskomitee unter dem Präsidium von Ingenieur Willy Emch (Solothurn) in kompetenter und umsichtiger Weise – in enger Zusammenarbeit mit der Regierung – über die vielerorts aufgerichteten «Bretter» gebracht worden ist. Man dachte ursprünglich daran, dem Schwarzbubenland eine landwirtschaftliche Schau zuzuweisen, was sich aber nach gründlicher Abklärung aus verschiedenen, einleuchtenden Gründen als ungeeignet erwies. So musste rasch umgestellt werden.

Ein verdientes Lob

Da ging an das in Baufragen zuständige Mitglied des OK 81, den tatkräftigen und bewährten Gefährten meiner Dornacher Jugendjahre, Hans Kunz (Solothurn), Direktor einer bedeutenden Bauunternehmung, der neben seiner erfolgreichen Tätigkeit in der Privatwirtschaft sich in höchst verdienstvoller Weise immer wieder angelegentlich mit Aufgaben des öffentlichen Wohls befasste und sich unter anderem für den wohlgelungenen Wiederaufbau des kurz nach seiner Restaurierung niedergebrannten Klosters Beinwil eifrig und ehrenamtlich einsetzte – der Auftrag, mit den Spitzen des Solothurnischen Baumeisterverbandes Verbindung aufzunehmen und möglichst rasch zu einem greifbaren Ergebnis zu kommen. Denn der Solothurnische Baumeisterverband hatte seine Bereitschaft erklärt, als Beitrag zum Kantonsjubiläum etwas Bedeutendes zu leisten, ganz im Sinne und Geiste seiner guten und fruchtbaren Beziehungen zur öffentlichen Hand. Als Wirkungskreis stand das Schwarzbubenland im Vordergrund, in erster Linie der Bezirk Thierstein, da im Bezirk Dorneck vorzügliche Voraussetzungen für einen bemerkenswerten und bedeutenden, musischen Anlass – ein Oratorium eines grossen Meisters – gegeben waren. In Thierstein standen drei Projekte zur Diskussion. Der Baumeisterverband entschied sich unter der umsichtigen Leitung seines Präsidenten Peter Wetterwald (Dornach) für die Restaurierung der Ruine Gilgenberg. Glücklicherweise möchte ich sagen, denn nur auf diesem Wege liess sich dieses schwierige Unterfangen ohne unliebsame Überraschungen aller Art lösen und im Griff haben. Es wurden für das Vorhaben rund 14 000 Arbeitsstunden aufgewendet; davon leisteten etwa 80 Maurerlehrlinge der Mitgliederfirmen des Baumeisterverbandes in jeweils dreiwöchigen Kursen rund die Hälfte. «Sie lernten dabei eine, den meisten bis dahin nicht bekannte schöne Landschaft und die früher üblichen Arbeitsweisen kennen», führt Ernst Bitterli (Niedererlinsbach), der verdienstvolle Leiter der Restaurierungsarbeiten in einem Bericht aus. Der auf 630 000 Fr. errechnete Voranschlag wurde um einiges unterschritten, die finanzielle Leistung des Baumeisterverbandes lag bei 200 000 Franken. Die Finanzierung war gesichert. Das Werk lobte die (Bau-) Meister!

Die Geissenvogtei

Über die Geschichte des Schlosses Gilgenberg, das ursprünglich den gleichbedeutenden Namen «Lilienberg» tragen sollte – Gilge ist der alte Ausdruck für Lilie –, gibt Dr. h. c. Albin Fringeli in seinem 1979 veröffentlichten Band «Landschaft als Schicksal, eine Heimat- und Volkskunde des Schwarzbubenlandes» Auskunft: «Im Jahre 1527 erwarb Solothurn die Burg vom Gilgenber-

115

ger Schlossherrn Hans Imer, der mit der Stadt Basel und dem Bischof im Streit lag. Zur Herrschaft gehörten neben dem Schloss und seinen Nebengebäuden die Dörfer Nunningen, Zullwil, Meltingen mit hohen und niedern Gerichten, Stock und Galgen, Holz und Feld, Hagen und Jagen, Kirchenschatz Meltingen, Hilarikapelle Reigoldswil, Berg Kastel und Hof Fehren. Von 1527 bis zum Jahre 1798 herrschte auf Gilgenberg der solothurnische Landvogt – ein Angehöriger des städtischen Patriziats. Das Revier war klein, und man nannte es scherzweise die Geissenvogtei. Es gab unter den Vögten Herren, die es verstanden, mit dem Landvolk in gute Verhältnisse zu kommen. Öfters traten bei Taufen in Oberkirch und Meltingen der Vogt und die Vögtin als Paten auf. Freilich half das aufgewiegelte Landvolk beim Einbruch der Franzosen am 1. März 1798 wacker bei der Zerstörung der Burg mit. Lange Zeit betrachtete man die Schlösser als Sinnbilder für eine unfreie Epoche, an die man sich lieber nicht erinnern wollte. Gilgenberg war aber zum Glück recht weit vom Dorf entfernt, und die Burg konnte deshalb nicht so leicht als Steinbruch benützt werden. Seit dem Jahre 1941 ist die Ruine im Besitze einer Stiftung, die es sich zur Aufgabe gemacht hat, dieses prächtige historische Denkmal zu erhalten. Der Plan, die Burg auszubauen, wurde seinerzeit abgelehnt...»
Soweit der Chronist Albin Fringeli. Inzwischen hat sich die Sache mit der Ruine Gilgenberg zum Guten gewendet. Man durfte ein wohlgelungenes Werk feiern.

Der Aufschwung des Gilgenberger-Landes

Aber in den letzten Jahrzehnten hat sich in der ehemaligen «Geissenvogtei» noch Wichtigeres und recht Erfreuliches ereignet. An der grossen 500-Jahr-Feier Ende August 1981 konnten die zahlreichen Besucher von nah und fern mit Freude und wohl auch mit einigem Erstaunen bemerken, wie sich die fünf ehemaligen Dörflein des Gilgenbergs zu schmucken Ortschaften entwickelt hatten; es ist ja nicht die Grösse allein, die den Ausschlag gibt. Gut ausgebaute Kantonsstrassen, ansehnliche, teilweise recht grosszügige Schulanlagen, neue Wohngebiete an den Hängen mit stattlichen Wohnhäusern, gut unterhaltene Häuser in den Dorfkernen. In allen Gemeinden war die Abwasserfrage weitgehend gelöst. Für alle Gemeinden standen Kläranlagen im Betrieb; für das durch seine herrliche Lage ausgezeichnete kleine Dörflein Himmelried standen gleich zwei Anlagen an den gegenüberliegenden Hängen zur Verfügung. Die schwierige Frage der Wasserversorgung – einst ein Dauerproblem – war gelöst, freilich unter grossen finanziellen Opfern und bei beträchtlich hohen Gebührenansätzen für die Wasserbezüger. Hiermit war die gedeihliche Entwicklung der blühenden Dörfer in dieser Hinsicht gewährleistet, nachdem das Baudepartement zuvor aus eigener Initiative und im Einverständnis mit der Regierung mit dem Kanton Bern die notwendigen Vorbereitungen getroffen und das erforderliche Grundwasser aus dem Birstal (Zwingen) hinreichend gesichert hatte. So konnte die zu diesem Zwecke in Form einer Aktiengesellschaft gegründete regionale Wasserversorgung sich ans Werk machen. Nach jahrelangem Einsatz und geduldigem Arbeiten gelang es den verantwortlichen Behörden, das grosse Werk «auf die Beine zu stellen». Es ist angebracht, den tüchtigen Männern, allen voran dem tatkräftigen Präsidenten des Verbandes, alt Amtsrichter und alt Ammann Marcel Stebler (Nunningen), stellvertretend für alle verdienstvollen Helfer ein Kränzlein zu winden, insbesondere auch den Ammännern. Hier wurde ein weiteresmal das althergebrachte Klischee von den rückständigen Schwarzbuben Lügen gestraft. An diese Leistung für die Beschaffung des köstlichen Nasses sollten wir denken, wenn wir mit alltäglicher Selbstverständlichkeit am Wasserhahnen drehen und die Badewanne füllen. Grundlegend für die Entwicklung dieser über den Nebeln liegenden, der Sonne zugewandten Dörfer waren natürlich der grosse wirtschaftliche Aufschwung und die guten Verdienstmöglichkeiten im Tal und auch in den Ortschaften. Daran denken wir heute wieder mehr als vor einigen Jahren.

Und an diesem Aufschwung hatte ich als Bau- und Landwirtschaftsdirektor in der rastlosen Zeit des Ausbaus der Infrastruktur der beiden letzten Jahrzehnte – gewissermassen von Amtes wegen – keinen unwesentlichen Anteil gehabt. Daran dachte ich, als ich am Abend des grossen Festes über den Passwang ins Aaretal fuhr; einer meiner letzten regierungsrätlichen Repräsentationsanlässe war zu Ende gegangen. Zugereist war ich mit dem Staatswagen über die gut ausgebaute Bergstrasse, welche vom «Neuhüsli» in Oberbeinwil über prächtige und unberührte Jurahöhen nach Nunningen führt. – War ich am Morgen bei der Zufahrt heimgefahren oder fuhr ich nun am Abend bei der Rückfahrt heim? Ich glaube beide Male, weil ich die Heimat ja gar nicht verlassen hatte. Ist die Heimat nicht dort, wo wir uns zu Hause fühlen, wo wir etwas leisten und wirken und schliesslich ausruhen und Ruhe finden?

Von solothurnischen Burgen und Ruinen

Der kantonale Denkmalpfleger Dr. Georg Carlen, dem das Verdienst zukommt, dem Baumeisterverband die Restaurierung der Ruine Gilgenberg vorgeschlagen zu haben und dessen Fachkenntnisse den Arbeiten zustatten kamen, hat sich in einem lesenswerten Beitrag zum Burgenreichtum des Kantons Solothurn geäussert, der dem Leser nicht vorenthalten werden soll:

«Im Kanton Solothurn stehen rund 31 Burgen und Burgstellen unter Denkmalschutz. Sieben davon sind oder wären heute noch bewohnbar, so Rotberg bei Metzerlen, das als Jugendherberge dient, oder die Neu-Bechburg ob Oensingen, wo öffentliche und private Feiern und Feste stattfinden und wo in absehbarer Zeit ein Burgwart einziehen wird. Fünf Burgen sind zwar Ruinen. Ihr Mauerwerk hat sich aber weitgehend erhalten. Sie wirken als weithin sichtbare Wahrzeichen in der Landschaft und verbinden sich, selbst Natur geworden, mit den schroffen Jurafelsen zu natürlicher, urtümlicher Einheit. Solche Ruinen sind das malerische Neu-Falkenstein ob St. Wolfgang bei Balsthal, das mächtige Dorneck oder eben unser Gilgenberg. Eine dritte Gruppe bilden jene 14 Burgen, die zur Hauptsache nur noch in ihren Grundmauern vorhanden sind. Etwa die Burg Grenchen (Gemeinde Bettlach) oder die Ruine Rickenbach. Schliesslich sind fünf Burgstellen, Erdhügel und Refugien zu erwähnen, die keine überirdischen Mauern mehr aufweisen.

Seinen Burgenreichtum verdankt der Kanton Solothurn grösstenteils dem Bischof von Basel, der die Strassen und Jurapässe in seinen Stammlanden und im Buchsgau, den er 1033 vom Kaiser als Lehen empfangen hatte, nach und nach sichern und befestigen liess. Wenn er nicht selbst als Bauherr und Besitzer auftrat, dann doch seine Vasallen und Dienstleute, die Frobuger,

Bechburger, Thiersteiner, Ramsteiner usw. Letztere gelten als Gründer von Gilgenberg. Stolz überragt die Burg das Gilgenberger-Land, gerahmt von Fels, Wald und Himmel. Die eidgenössische Denkmalpflege hat ihr wohl nicht zuletzt wegen ihres Symbolgehaltes für die ganze Region den Titel eines Baudenkmals von regionaler Bedeutung zuerkannt.

Spätestens seit 1798 für die staatliche Verwaltung nicht mehr zu gebrauchen, gingen viele Burgen und Ruinen im 19. Jahrhundert in Privatbesitz über. Da mit ihnen keine Geschäfte mehr zu machen sind, gehören sie indessen heute zumeist Vereinen, Stiftungen, Gemeinden, in einigen Fällen dem Staat. Ihr Unterhalt stellt dann besondere finanzielle Probleme, wenn die Trägerschaft mittellos ist. So im Fall Gilgenberg. Die Stiftung Schloss Gilgenberg hat 1940 eine zehn Jahre zuvor sanierte Burg übernommen. In 50 Jahren hat die Natur so gewirkt, dass wieder eine umfassende Konservierung notwendig geworden ist. Ohne die finanzielle und organisatorische Hilfe des Baumeisterverbandes im Rahmen seiner Aktion zum 500-Jahr-Kantonsjubiläum wäre sie kaum möglich geworden. So wie die Arbeiten jetzt ausgeführt werden, dürfen sie in mehrerer Hinsicht als exemplarisch bezeichnet werden. Erstens resultiert aus ihnen solider und dauerhafter Schutz für das Gebäude selbst. Zweitens eröffnet die harte Arbeit am historischen Bau und die Beschäftigung mit historischen Stopf- und Putztechniken den beteiligten Maurerlehrlingen eine neue Seite ihres Berufes. Drittens erhofft sich der Denkmalpfleger aus der intensiven Zusammenarbeit mit dem Baumeisterverband und insbesondere aus dem gemeinsam durchgeführten Verputzkurs Früchte auch für andere denkmalpflegerische Unternehmungen.

Schliesslich mag die vorbildliche Sanierung von Gilgenberg Anstoss zu weiteren – grösseren oder kleineren – Instandstellungsarbeiten an Burgen geben, damit das Burgenland Solothurn seinen guten Namen behalte!»

Die Verabschiedung im Kantonsrat

Nach der liebenswürdigen Verabschiedung durch Kantonsratspräsident Otto Goetschi, der mit Lob und Anerkennung das rechte Mass fand, hielt ich die nachfolgende Abschiedsansprache.

Ich danke dem Kantonsratspräsidenten für seine anerkennenden Worte und für die Blumen – die prächtigen bunten, die mit ihrem Geruch die Nase erfreuen, und für die geistigen Blumen, das Lob, das so wohl tönt in den Ohren. Wer in der Öffentlichkeit steht und für sie arbeitet, ist angewiesen auf einen Widerhall und auf Anerkennung seiner Arbeit und seines Bemühens. «Auch der Politiker ist nur ein Mensch – aber das Volk will sich das nicht länger gefallen lassen», soll ein englischer Staatsmann geklagt haben.

Ich habe dem Volk des Kantons Solothurn zu danken für das Wohlwollen und die Geduld oder doch die massvolle Ungeduld, die es während fünf Amtsperioden – während 20 langer, schwerwiegender Jahre – mit dem Bau- und Landwirtschaftsdirektor gehabt hat und für das Vertrauen, das jeweils bei den Wahlen zum Ausdruck gekommen ist.

Zwanzig Amtsjahre
im Bau- und Landwirtschaftsdepartement

Eine Starrolle habe ich nie gehabt und auch nie spielen wollen. Man sagt, Popularität sei ein Stundenhotel, wobei stets der Nächste an die Türe klopft. Als Sucht schafft sie einen Leistungsdruck, der nicht von Gutem ist und die wirkliche Leistung nicht fördert. Der Landwirtschaftsdirektor hat die Anhänglichkeit des Bauernstandes aller Arten und Sparten der Ackerbauer, der Viehzüchter, der Bergbauern, vor allem auch der landwirtschaftlichen Organisationen und der offiziellen Landwirtschaft geniessen dürfen, nicht wegen seiner überragenden Sachkompetenz in landwirtschaftlichen Fachfragen – auch meine Kalbereien haben sich in Grenzen gehalten –, sondern wegen seines guten Willens und seines Einsatzes für die wichtigen Anliegen des Bauernstandes. Ich habe mich insbesondere den Bergbauern zugewendet und der Verbesserung ihrer Lebensbedingungen durch die Erschliessung des Berggebietes. Der bleibende Erfolg dürfte die Juraschutzzone sein, die treulich zu verwalten und zu sichern ich gewissermassen vom Vorgänger, Baudirektor O. Stampfli, übernommen habe, und diese Aufgabe gebe ich gewissermassen als Vermächtnis meinem Nachfolger weiter.

Der Beginn ist schwer gewesen; im Jahre 1961 hatte man mit dem Gewässerschutz noch nicht begonnen. Das Amt für Wasserwirtschaft war kaum im Kerne vorhanden: in einem grossen Saal im «Ambassadorenhof» zwei bis drei Pulte. Man hatte noch keine Vorstellung, was es hiess, nach dem eben erst geschaffenen Waserrechtsgesetz von 1960 Zweckverbände zu gründen, Kläranlagen und Kanalisationen und leistungsfähige Kehrichtbeseitigungsanlagen zu errichten. Man hoffte, gegen Ende der sechziger Jahre die anspruchsvolle Arbeit erledigt zu haben. Es hat gut zehn Jahre länger gedauert, bis in den Gemeinden, der Industrie und der Landwirtschaft die Aufgaben im grossen und ganzen erledigt waren. Von den Nationalstrassen N1 Bern–Zürich und N2 Härkingen–Basel bestanden generelle Konzepte des Bundes, aber keine Pläne. Niveauübergänge behinderten den Verkehr; wichtige Barrieren an den Bahnen

Der letzte Auftritt im Kantonsrat

waren zum Teil stundenlang im Tag geschlossen. Die Leserbriefe waren keine Liebesbriefe! Man hat damals viel vom Baudepartement geredet, geschrieben und fotografiert.

Die II. Juragewässerkorrektion und das Kraftwerk Flumenthal, die man als «kalte» Vorbereitung der ungeliebten Binnenschiffahrt vermutete, warfen hohe Wellen des Widerspruchs. Die Oesch hat damals – sozusagen alle Jahre wieder – die Wohnhäuser in den tiefern Lagen von Halten, Oekingen und Subingen überschwemmt.

Zeit des Ausbaus

Dem Baudirektor sind also die reifen Früchte nicht in den Schoss gefallen – und der Spruch des Spassmachers in der Festhütte in Holderbank: «Was heit er gegen den Baudirektor, er macht jo nüt?» tönt noch in meinen Ohren. Immerhin darf ich festhalten, dass die «Ära Erzer» eine Zeit der Tätigkeit, des stürmischen Aufbruchs, des Ausbaus der Infrastruktur gewesen ist: Nationalstrassen, Kantonsstrassennetz, Vermehrung der Verkehrssicherheit durch Veloweg- und Trottoirbau und Aufhebung von Niveauübergängen. Gewässer-

120

schutz durchgezogen in Gemeinden, Industrie und Landwirtschaft. Ich darf erwähnen Hochbauten des Erziehungs- und Spitalwesens, Baugesetzgebung, Förderung des öffentlichen Verkehrs, soweit dies möglich war im Zeitalter des überbordenden Individualverkehrs. Freilich das Leben geht weiter, und die Arbeit geht nie aus, eher schon das knappe Geld.

Auch mein Nachfolger wird ein gerüttelt Mass an Arbeiten vorfinden. Wer arbeitet, macht Fehler, die Dummen immer dieselben und die Gescheiten immer andere. «Das sind die Weisen, die vom Irrtum zur Wahrheit verreisen, und die im Irrtum verharren, das sind die Narren.»

Diesen Spruch habe ich im Rate auch zitiert, wobei ich mich unbescheidenerweise damals den erstgenannten, also den Reisenden (Weisen), zugerechnet habe. Ich danke der Presse für ihre alles in allem recht wohlwollende Beurteilung des «ehernen Zeitalters» dieses Regierungsrates aus dem Schwarzbubenland, das früher ja nicht immer so «in» und «akzeptiert» gewesen ist, wie seit der grossen Schwarzbubeninvasion in die eidgenössischen Räte und den Regierungsrat. Man hat mich verstanden und verstehen wollen.

Dank nach allen Seiten

Und damit bin ich bei den Stenographen Oskar Rickenmann und Bernhard Luyten, die aufgeschrieben haben, nicht was ich gesagt habe, sondern was ich sagen wollte, was verdankt sei. So komme ich zu meinen Kollegen – meinen «lieben» Kollegen betone ich –, denn wir haben uns gut gemocht und tun es auch jetzt noch. Wenn wir uns etwa einmal gezankt haben, so war es, wenn nicht die Liebe, die bekanntlich zanken muss, so doch eine Rollenverteilung. Seiner Rolle hat sich jeder Berufspolitiker von Amtes wegen überhaupt oder jeder Politiker – als homo politicus – mehr oder weniger freiwillig zu unterziehen.

Kollegialität muss nicht loben, sondern leben. Ich habe es an der Regierungsratsfeier für Walter Bürgi am 7. November 1979 gesagt: «Kollegen müssen zwar nicht miteinander Rosse stehlen – wie man sagt –, aber ehrlich zueinander stehen. Vertrauen ist alles – besonders bei Gleichfarbigen, Kollegen von der gleichen Rasse und Sorte, sige es Gäli, Roti, Schwarzi, Schäcke und Fläcke. Zuschauen müssen, wie ein Kollege mehr Erfolg hat – zu Recht oder zu Unrecht –, ohne neidisch zu werden, ist gar nicht so leicht und komfortabel. Das können nur edle Menschen, habe ich gelesen. Da kann der alte Weisheitsspruch helfen, den ich meinen Kollegen von Zeit zu Zeit mahnend zu fröhlicher Stunde ins Gedächtnis gebracht habe: ‹Kindlein liebet einander, denn wer zum Teufel liebt euch sonst.›»

Freundschaftliche Gefühle haben mich auch mit den Kantonsrätinnen und Kantonsräten verbunden. Wir sitzen einander gegenüber, wir stehen aber nicht gegeneinander. Obschon ich ein betonter Vertreter und Verteidiger der Prärogativen der Regierung – also ihrer wohlerworbenen Rechte – und überzeugter Verfechter ihrer mit dem Amte verbundenen Weisheit gewesen bin und weiter bleibe – habe ich auch Verständnis für die sogenannte andere Seite gehabt. Der Staat zieht Nutzen aus einem gesunden Widerstreit. Unser Kanton darf sich rühmen, zwölf Dutzend pflichtbewusste, selbstbewusste und zügig arbeitende Parlamentarier sein eigen nennen zu können, die der Regierung auf den Mund und die Finger sehen.

Wir haben uns Mühe gegeben, unsere Pflicht zu erfüllen mit den uns zur Verfügung stehenden Mitteln materieller und geistiger Art. Manches haben wir erreicht, anderes wieder nicht. Es ist mir aber eine Freude und auch eine Genugtuung, dass ich anerkannt worden bin als ein Regierungsmann, der das Rechte gewollt und hin und wieder auch erreicht hat. So lasst mich heiter schliessen mit einem Aufruf gegen den tierischen Ernst, einem Berufsrisiko des gewissenhaften und leistungsbetonten Politikers mit einem Nebelspalterspruch des unverwechselbaren Fridolin Tschudi:

«Sei nicht stolz auf dein Talent!
Andere haben andere Gaben,
Glück vor allem musst du haben,
bis dich jemand anerkennt.

Wenn du auch zu Ehren kamst,
ist dir dennoch notgedrungen
viel von dem vorbeigelungen,
was du schufst und unternahmst.

Bilde dir drum nichts drauf ein,
dass die Leute von dir reden,
jeder kennt ja schliesslich jeden
und glaubt, selber mehr zu sein!»